신경써달라고
한 적 없는데요?

신경써달라고
한 적 없는데요?

더 이상 충고라는 이름의 오지랖은 사절합니다

유민애 (미내플) 지음

No, Thanks

21세기북스

내 걱정은
내가 할게요

"내가 알아서 할게요."

타인에게 기껏 생각해서 조언해줬더니 이런 대답이 돌아온다면 어떨까? 그것도 가족, 친구, 직장 동료 등 가까운 관계라면? 사회 생활이나 관계에서 이런 말을 하는 사람은 보통 건방지거나 예의 없는 사람 취급을 받는다. 어쩌면 배은망덕하고 무례한 사람이라고 뒷말을 들을지도 모르겠다. 그래서일까. 우리 사회에서는 타인의 조언이나 충고는 당연히 감사히 받아들여야 한다고 생각하는 사람이 많다.

그런데 입장을 바꿔서 생각해보자. 당신이 퇴사나 이별 등 인생의 중요한 위기에 처해 있다. 그 사실을 알게 된 주변 사람들은 당신을 위해 충고와 조언을 해줄 것이다. 처음에는 나를 생각해주는 그들의 걱정에 고마운 마음이 들지도 모르겠다. 그런데 내가 묻지도, 궁금해하지도 않은 충고를 계속 들으면 어떨까? 당신은 이 말, 저 말을 듣고 갈팡질팡하다가 직관을 잃을지도 모른다. 어떤 선택이 나를 위한 것인지 헷갈리고 오히려 더 혼란을 느낄 수도 있다.

바로 이럴 때 "내가 알아서 할게요"라는 말이 필요하다. 언뜻 무례하게 보이는 이 말은 충고라는 이름으로 가장한 오지랖을 끊어내는 마법의 말이다. 또한 타인의 말과 시선에 휘둘리지 않고 스스로 인생의 주도권을 쥐겠다는 다짐의 말이기도 하다.

바로 이 지점이 중요하다. 다른 사람의 충고나 조언이 무조건 싫다는 게 아니다. 내게도 객관적인 시선이 필요할 때가 있고, 인생을 먼저 살아온 선배의 조언이 큰 도움을 줬을 때도 있다. 퇴사를 결정할 때도, 유튜브를 시작할 때도 먼저 경험한 이들을 만나 얘기를 듣기도 했다. 자기의 일처럼 함께 고민해준 그들에게 진심으로 감사하다. 문제는 내가 바라지도 않은 충고나, 내 상황과 감정을 제대로 이해하지 않는 조언이다.

내가 원하지 않은 충고를 건네는 사람은 그 문제에 대해 내가 충분히 고민하고 스스로 결정을 내릴 권리를 빼앗는 사람들이다. 대부분의 사람은 위기를 맞닥뜨릴 때가 스스로 성장할 수 있는 기회다. 자신의 문제에 대해 고민하면서 '나'에 대해서 알아가고 진짜 원하는 것을 찾는다.

사실 모든 사람에게는 위기를 극복할 힘이 있다. 영양가 없는 충고를 거둬내고 자신을 향한 집중력을 흐트러뜨리지 않을 수만 있다면 말이다. 그러면 고유의 직관이 작은 등대가 되어 가야 할 길을 비춰주고 진정한 용기를 줄 것이다. 그 기회를 빼앗는 오지랖에는 단호하게 'NO'라고 말해야만 진정으로 성장할 수 있다.

또한 내 상황과 감정을 무시한 채 자신의 입장에서 조언하는 사람들의 충고 속에는, 사실 당신의 위기를 바라보며 느끼는 자신의 불안을 빨리 해소하고픈 다급함이 숨어 있다. 그래서 위기를 바라보는 당신의 생각과 속도를 충분히 존중하지 않는다. 특히 가족과 같이 가까운 사람이 당신의 위기에 참견할 때는 자신이 당신의 위기로부터 받을 영향이 두려워 더 다급하다. 심지어 눈에 보이는 해결을 바라서 근시안적인 미봉책을 무신경하게 강요하기도 한다. 그러는 사이에 당신의 직관은 오히려 둔해지고 '될 대로 되라'는 식의 자포자기의 심정이 되어가는 것이다.

선 넘지 마세요, 제발

'나를 위한다'는 말로 지나치게 선을 넘는 사람은 진짜 나를 위하는 게 아니다. 그러니 그런 사람들에게는 정중하게 선을 긋자. 타인의 말 때문에 자신을 향한 집중력을 흐트러뜨리지 말자. 중요한 것은 스스로 인생의 주도권을 잡고 나만의 속도로 살아나가는 것이다. 타인의 섣부른 걱정으로 판단을 내리지 말고, 자신의 눈으로 상황을 바라보며, 날선 직관력으로 판단을 내릴 침착하고 믿음직스런 '나'를 확보해야 한다.

　타인의 시선에 의해 만들어진 삶을 살아간다는 건 세상에 한쪽 발로만 삐딱하게 서있는 것이나 다름없다. 두 발로 굳건하게 서기 위해서는 '내 관점' '내 감정' '내 마음'이 중요하다. 두 발로 설 수 있어야 내가 중심이 된 삶을 꿋꿋한 마음으로 제대로 살아나갈 수 있다.

이 책에서는 스스로 내 삶의 주인이 되는 법에 대해서 이야기할 것이다. 그러기 위해서 타인에게 휘둘리거나 의존하지 않고 자신을 지키는 법을 알려준다. 진심으로 내가 스스로의 편이 되어 독립적인 삶을 살아가는 방법에 대해 담았다.

자, 진정 이 책을 잘 읽는다면 이 책마저 하나의 조언으로 참고만 해야 한다는 것을 알게 될 것이다. 사실 내면의 소리에 귀 기울이는 것의 가치를 조금이나마 느낀다면 나는 이 책이 성공적이라고 생각한다.

어릴 적부터 꿈이었던 책 집필을 제안해준 장인서 프로젝트 매니저, 부족한 원고를 열심히 다듬어준 이지연 편집자, 그리고 글을 쓰면서 헤맬 때마다 든든한 조언과 영감을 준 김수연 팀장님께 감사 인사를 드리고 싶다. 내 이야기를 쓰면서 예상 못한 감정적 압박감을 많이 겪었는데 곁에서 도와주지 않았다면 결코 이런 책이 나올 수 없었을 것이다.

태산 같은 존재감으로 이기기 힘든 극복 대상이자 뙤약볕을 피할 그늘이 되어준 아버지와 어머니, 항상 영감을 주는 든든한 평생 친구인 내 동생, 그리고 삶에서 새로운 기쁨을 느끼게 해준 동생의 부인과 조카에게 깊은 사랑을 전하고 싶다.

마지막으로, 새 삶을 살아나갈 빛이 되어준 미내플 채널의 보스(구독자) 여러분 감사합니다. 덕분에 꿈을 이뤄가고 있습니다.

미내플 유민애

차 례

4장 할 일은 미뤄도 할 말은 미루지 마라

5장 꿈과 목표는 없어도 방 청소는 하자

1장

인간관계,
헌신하다
헌신짝 된다

바라지 않은
충고는
오지랖이다

나는 '미내플' 유튜브 채널을 운영하며 많은 사람들의 고민 상담을 해준다. 주로 라이브 방송 댓글이나 메일로 고민 사연을 받는데, 한 번은 직장 상사와의 갈등을 호소한 사연이 온 적 있다. 이 직한 회사의 상사가 모든 일에 사사건건 참견한다는 것이다. 상사로서 업무에 관한 조언이나 충고는 충분히 이해하지만 점심시간에 먹는 음식 메뉴부터 친한 동료 관계, 심지어 퇴근 후 취미생활까지 간섭한다는 사연이었다. 그러면서 상사는 직장 생활 적응을 도와주는 거라며, 자기만큼 좋은 상사는 없을 거라고 자랑스럽게 이야기한다고 했다. 상담자는 처음에는 상사가 좋은 마음으로 하는 얘기라고 생각해 그의 말을 들었으나, 사사건건 참견이 계속되자 고마운 마음도 사라질 것 같다고 털어놓았다.

꽤 많은 사람들이 이와 비슷한 고민을 가지고 있다. 부모, 친구, 애인, 직장 상사 등 가까운 사람들이 나를 위한다는 명분으로 바라지 않은 충고를 한다. 더 심각한 일은 그런 일이 계속되면, 나를 걱정해주는 사람을 고마워하기는커녕 그것을 귀찮다고 느끼는 자신이 나쁜 사람인 것 같다며 자책하기도 한다는 것이다.

나 역시 비슷한 경험이 있다. 스물여덟 살, 대형 언론사 정규직 자리를 버리고 나올 때 가족뿐만 아니라 그 사실을 알게 된 여러 지인들의 걱정 어린 충고를 들었다. 그중 어떤 이는 "네 나이와 스펙에 거기보다 더 조건 좋은 직장을 찾을 수 있을 것 같냐"는 악담 같은 걱정을 하기도 했다.

그뿐인가. 우리나라에서 30대 이상 미혼 여성들은 명절 때마다 친절이란 이름의 오지랖에 속수무책으로 둘러싸인다. "빨리 결혼해야지. 서른 지나면 아무도 너 안 데려가" "애는 언제 낳으려고 그래? 좀 있으면 낳고 싶어도 못 낳아" 등등. 우리 주변에는 생각보다 충고라는 이름의 오지랖이 매우 많다.

이런 걱정 어린 충고나 조언 뒤에는 반드시 뒤따르는 말이 있다. "다 너를 생각해서 하는 말이야"라는 얘기다. 우리는 이런 말을 들으면 쉽게 떨쳐내지 못한다. 상대방이 나를 생각해서, 좋은 마음으로 하는 말이라고 믿기 때문이다.

어차피 그들도 모른다, 내 인생이니까

이렇게 내 인생에 간섭하는 '참견러'들이 "너를 위한 말이야"라는 무적의 주문을 앞세워 쳐들어오면 고마운 마음도 잠깐, 점점 더 짜증이 솟구친다. 사실 내가 뭐 가장 안전하고 편한 길을 몰라서 안 가고 있는 것이겠는가. 내게는 그 길이 정답이 아니거나, 불가능하기 때문에 고민하고 있는 것일 테다.

잘 생각해보면, 내게 이런저런 충고를 하는 이들 중 내 문제를 나만큼 진지하게 고민하는 사람이 얼마나 있을까? 물론 자신의 경험이나 기준에 따라 가장 옳다고 생각하는 조언을 하겠지만, 내 상황이나 기분을 최우선으로 고려한 조언은 아닐 가능성이 높다. 오히려 자신의 뜻을 강요하는 사람들 중에는 내 생각과 속도를 존중하지 않는 경우가 많다. 이런 무신경한 참견은 진짜 나를 위하는 게 아니다.

물론 타인의 조언을 거절하고 내 길을 찾는 건 무척 어렵다. 우선 좋은 마음으로 조언하는 사람에게 거절의 말을 하는 것 자체가 어렵고, 내 행동과 선택에 전적으로 책임을 져야 한다는 것도 부담스럽기 때문이다. 사회생활을 원만히 해나가고 싶고, 관계를 망치고 싶지 않은 당신은 그의 충고가 아무짝에도 쓸모없는 오지랖임을 알면서도 거절하지 못한다.

하지만 그러는 사이에 당신의 에너지는 계속해서 고갈되고 있다. 내 길을 찾고 앞으로 나아가는 데 써야 할 에너지를 영양가 없는 조언에 휘둘리느라 다 써버리는 것이다.

타인의 말 중 진짜 내게 도움이 되는 말은 별로 없다. 어차피 그들도 답을 모르기 때문이다. 내 인생에서 내 문제를 가장 잘 아는 사람은 나다. 다른 사람의 말에 휘둘려봤자 그건 그 사람에게나 정답이지, 정작 나에게는 해결책이 아닐 가능성이 높다. 쓸모없는 오지랖에 내 인생을 맡길 수야 없지 않겠는가. 그렇다면 선을 그어야 한다.

- - -

지금 선 넘고 있거든요?

선을 긋기 위해서 가장 처음 할 일은 자신을 보호하기로 마음먹는 것이다. 여기서 '보호'는 두려움 때문에 행하는 단순한 방어적인 태도가 아니다. 상황을 다각적으로 파악해서 내가 받아들일 수 있는 상황을 만들기 위해 적극적으로 행동하는 태도다.

내가 상황을 파악하기 위해 중요하게 생각했던 것은 '불호' 사인이었다. 뭔가 내키지 않고 싫은 감정이 들 때, 한 번 더 생각해보는 여유를 확보하기 위해 노력했다. 누군가 내게 조언을 했을 때 부정적 감정이 일어나면 예전에는 일단 덮고 상대방과의 관계를 생각해서 외면하려고 했다. 하지만 요즘은 '나는 왜 이 사람의 관심이 부담스럽고 불편하지?' '이 말이 왜 이렇게 불쾌하게 다가오지?' 하고 그 감정이 일어난 이유를 찾아 상대방과의 타협점을 찾으려고 노력하고 있다.

예를 들면, 얼마 전 오랜 친구와 대화를 하다가 정색을 한 적이 있다. 그 친구는 나에게 최근 외모와 관련한 충고를 많이 했다. 살을 더 빼야 한다고 하거나 외모를 평소에 잘 꾸미고 다니면 좋을 것 같다는 얘기를 했다. 그 얘기를 듣다가 나도 모르게 정색을 해 버린 것이다.

사실 그 친구는 내가 대중에게 노출되는 직업을 선택했으니 더 잘됐으면 하는 마음에서 했던 얘기였다. 나도 그 친구의 의도를 모르는 게 아니었다. 하지만 나는 사적인 관계에서는 그런 평가와 지적을 당하고 싶지 않았다. 나는 그가 선을 넘었다고 판단해 정색을 했고, 나를 불쾌하게 한 말이 무엇인지 정확하게 알려줬다. 그리고 그에게 내 외모에 대한 충고를 듣고 싶지 않다는 의사 또한 분명히 밝혔다.

그 친구는 나에게 사과를 했고, 나도 그 친구에게 갑작스레 화를 낸 것에 대해 사과를 했다. 불과 몇 년 전만 해도 꿈도 못 꿨을 일이다. 예전에는 '이런 불편한 얘기를 할 바엔 그냥 연을 끊고 말지'라고 생각했을 것이다.

나 역시 처음 부정적 감정을 표현할 때엔 관계의 단절을 각오하는 비장함을 가지고 얘기했다. 친구한테 어떤 말이 듣기 싫다고 얘기할 때도 관계의 끝을 각오하면서 할 수밖에 없었다. 하지만 생각보다 사람들은 그리 쉽게 관계를 정리하지 않는다. 역설적으로, 날선 표현을 주고받는 과정에서 상대방에게 나는 비위를 맞춰주는 사람 이상의 가치가 있다는 것을 알게 됐다.

마지막으로, 내 입장을 잘 알고 다지게 될 때까지는 내 마음에 대한 표현을 말로 정확하게 하려고 노력하는 것이 좋다. 약간 무례할 정도로 말이다. 말의 힘은 엄청나다. 입 밖으로 나오는 말의 힘을 빌려 내 입장을 다지고 선을 선명하게 하는 과정이 필요하다. 이 과정이 없으면 익숙한 사람들과 익숙한 삶을 벗어나기 힘들다. 그렇다면 아무것도 달라지지 않는다.

때로는 단호하게
공감을
거부해야 한다

내가 '보스'라고 부르는 미내플 채널 구독자들은 착하고 똑똑한 사람들이 많다. 얘기를 듣다 보면 확실히 그렇게 느껴진다. 나와 비슷한 점도 많다. 우리 같은 사람들은 장단점이 뚜렷하다. 장점은 이해력이 좋아 공감 능력이 출중하다는 점이다. 공감 능력은 요즘 제일 주목받는 능력 중 하나라서 엄청난 경쟁력이다.

반면 단점은 착해서 이해하지 않아도 될 것, 공감하지 않아도 될 것도 받아들인다는 점이다. 나는 이 지나친 공감 능력 때문에 피해 의식까지 느낄 정도였다. 최근 공감 능력이 주목받는 이유가 자본주의 포식자들이 나 같은 사람을 이용하기 위함이 아닌가 싶을 정도로 말이다.

하지만 지금은 그렇게 생각하지 않는다. 공감 능력은 확실한 장점이다. 예전에 한참 모든 일에 호불호를 따지며 이해를 거부하고 내 입장만 내세우며 지낸 적이 있는데, 인간관계가 꽤 많이 상했다. 그들 중엔 떨어져 나가 마땅한 사람도 있었지만, 나처럼 표현이 서툴고 불안이 많을 뿐 좋은 사람도 있었다.

사방에 적만 남기고 싶은 것이 아니라면 공감 능력을 갖춰야 한다. 혼자 모든 것을 다 할 수 없는 세상이다. 공감 능력을 가지고 있다면 반드시 당신의 강점이 된다. 상대방의 신뢰를 얻기 쉽고 내 편이 많아진다. 높은 공감 능력을 써먹지 않을 이유가 없다.

• • •

당신이 늘 손해만 보는 이유

착하고 똑똑한 당신이 공감 능력을 적극적으로 써먹기 전에 반드시 선행해야 할 일이 있다. 바로 선을 긋는 일, 경계를 짓는 일이다. 이것을 할 줄 모른다면 공감 능력은 반드시 독이 된다. 당신은 너무나도 유용한 호구가 될 것이다. 똑똑해서 상대방 말을 잘 이해하는데, 자기 것은 챙길 줄 모르고 다 내준다 생각해보라. 세상에 그렇게 훌륭한 호구가 어디 있겠는가.

당신은 똑똑하기 때문에 자신의 것을 잘 챙기고 있다고 생각할지도 모른다. 하지만 인정, 호의, 신뢰만으로 자신의 시간과 재능, 혹은 마음과 돈까지 과도하게 내주고 있을 수도 있다.

판단하기 어렵다고? 그렇다면 다음 사항을 점검해보자.

1. 집으로 돌아와 혼자가 됐을 때 자신을 위한 에너지가 남아있는가? (YES / NO)

2. 스스로 요리를 할 수 있는가?　　　　　　　　　　　　　　　(YES / NO)

3. 집 안 청결에 신경이 쓰이는가?　　　　　　　　　　　　　　(YES / NO)

4. 가족의 안부를 잘 챙기고 있는가?　　　　　　　　　　　　　(YES / NO)

5. 연애가 설레고 즐거운가?　　　　　　　　　　　　　　　　　(YES / NO)

NO가 두 개 이상이라면 당신은 중요한 사생활을 챙길 여력이 없다는 말이다. 즉, 자신을 잘 돌보고 있다고 보기 어렵다. 당신의 시간은 얻은 것 없이 어디선가 축나기만 하고 있을지 모른다. 좀 더 경계를 세울 필요가 있다.

• • •

선 안과 밖 구분하기

그렇다면 경계는 어떻게 세울까? 무엇보다 중요한 것은 '상대방의 의도를 짐작하지 않는 것'이다. 공감을 잘하고 경계가 부실한 사람들은 타인과의 관계에서 너무 쉽게 상대방의 입장을 이해해 버린다. 심지어 상대방이 나에게 피해를 끼치고 그 이유를 제대로 설명하지 않았을 때도 마찬가지다. 내가 먼저 상대방의 사정을 눈치 채고 감정을 짐작한다. 그러다 보니 자신의 뜻과 전혀 다른 형태로 행동하게 되곤 한다. 상대방의 사정을 알면서 외면하기 힘들기 때문이다. 타인의 상황 때문에 내 입장이 밀린 것이다.

당신이 상대방을 이해하고 공감해주는 것은 그 자체로 가치가 높다. 하지만 그것이 당신 자신의 마음보다 우선돼서는 안 된다. 상대방이 당신을 존중한다면 먼저 사정을 설명하고 자신의 감정을 얘기할 것이다.

당신의 공감 능력과 이해심을 눈치 챈 사람들은 언제나 그 이상을 원한다. 사람들이 타인에게 아쉬워하고 서운해 할 때 하는 말은 "알면서 그래?"라는 말이다. 당신이 말하지 않아도 상대방을 이해하기 시작하면, 그만큼 기대하는 것도 커진다.

상대방이 당신에 대한 충분한 존중이 있는지 확인하기 전까지는 미리 상대방의 마음을 이해하지 마라. 나와 함께하는 타인, 나를 둘러싼 환경이 나에게 우호적인지 적대적인지 파악할 때까지는 말을 아끼자. 아는 것을 다 안다고 말할 필요가 없다.

맹목적인 신뢰가
당신을
배신하는 이유

의심이라는 말을 긍정적으로 보는 사람이 있을까? 특히 우리나라에서는 의심이라는 말을 더 부정적으로 보는 것 같다. 나는 어른에게 말대꾸하면 안 되는 환경을 탓하고 싶다. 우리는 합리적 의심을 배우기 전에 의심을 억압하는 법부터 배운다. 그래서 많은 사람들이 허무맹랑한 기대를 품는 맹신과 그 어떤 것도 믿지 않는 불신 사이의 양극단에서 균형을 잡을 줄 모른다.

나는 내 마음 안에 그런 맹신과 불신이 있는 줄 몰랐다. 자신이 비판적이고 균형 잡힌 사고를 하는 사람인 줄 알았다. 학교에 다닐 때는 토론 수업에서 가장 뛰어난 기량을 발휘하는 학생 중한 명이었고, 인간관계에서도 타인의 입장을 잘 이해하는 편이었다. 내 입장만 내세우지 않는 공평한 태도를 잘 취했기 때문에 갈등이 일어나는 경우가 거의 없었다. 정말로 부끄럽지만 이 세상 그 누구도 날 엿 먹일 정도로 똑똑한 사람은 없다고 생각했다.

• • •

불신과 맹신 사이의 간극

사실 내가 20대 중반까지 인간관계에서 '엿 먹는' 일이 드물었던 이유는 기본적으로 인간관계의 바탕에 불신이 있었기 때문이었다. 내 바운더리 안에 들어와 뒤통수를 칠 수 있는 사람이 너무나 제한적이었다. 안전거리 바깥에 있는 사람들에겐 한 줌의 기대도 품지 않았기 때문에 인간관계가 항상 술술 풀렸다.

대학교 친구, 아르바이트를 하며 만난 동료, 직장 동료 등등 주변 대부분의 사람들과 얼마나 긴 시간을 함께 했든 항상 남이 될 준비를 하고 있었다. 더 정확하게 얘기하면 그들이 어떤 이유로든 돌아서더라도 상처받지 않을 준비를 항상 했다. 타인의 배신, 그리고 이별을 전제한 인간관계를 맺어야 안심이 됐다.

반대로 안전거리 안에 있는 관계에서는 맹신을 했다. 맹신의 관계에는 대표적으로 연인이 있을 것이다. 내가 그들에게 품었던 기대는 엄청났다. 나라는 사람에 대한 완벽한 이해, 독점적 관심

그리고 보호를 바랐다. 부모에게나 바랄 것을 연인이라는 이유로 타인에게 바란 것이다. 완벽한 부모의 이상향을 연인에게 씌우고는 천년만년 함께하길 바랐다.

나의 도취적 사랑은 남자 친구의 이별 통보로 끝나곤 했는데, 그럼 나는 부모를 잃은 것처럼(아직 부모님이 살아계셔서 정확히 그 심정이 어떤지 잘 모르지만) 통곡했다. 그건 내가 품었던 기대에 대한 믿음이 깨져서 흘린 애도의 눈물이었다.

• • •

내가 진짜 기대를 품는 것

잘 들여다보면 우리가 어떤 이에게 가지고 있는 불신과 맹신은 사실 그 사람 때문에 생긴 것이 아니다. 불신은 과거의 상처에 대한 두려움 때문에, 맹신은 그 두려움이 만든 기대 때문에 품는 것이다. 대부분 나의 두려움은 부모님과 떨어져 살았던 어린 시절에서 기인하고 있었고, 그때 부모님께 받았으면 좋았을 것들을 연인에게 기대하게 됐다. 특정 트라우마 때문에 만들어진 두려움과 기대가 엉뚱한 대상을 향해 불신과 맹신을 품게 만든 것이다.

불신과 맹신 모두 다 삶을 살기 위한 것인데, 결국엔 양쪽 다 우리를 취약하게 만든다. 항상 불신하면 두려움의 안경을 쓰고 세상을 바라보게 되니 고립될 것이고, 세상은 고립된 사람의 편을 들어주지 않는다. 항상 맹신하면 타인의 믿음을 이용하는 포식자들의 타깃이 된다. 그들은 당신이 꿈을 이루도록 도와주겠다면서 관심, 시간, 돈을 독점하다가 더 이상 빼앗을 것이 없으면 모른 척할 것이다.

불신도 맹신도 답이 아니다. 효과적으로 우리들을 지켜줄 수 있다면 권하고 싶지만, 이들의 효과는 일시적이고 자기 위안일 뿐이다.

삶을 잘 살아나가기 위해선 믿으면서도 경계하는 법을 알아야 한다. 타인에 대한 입체적 접근이 필요하다. 그것을 위해 합리적 의심을 품어야 하는 것이다. 상대방을 정의하지 않고 '왜?'라는 질문을 품어보는 게 좋다. 그 질문의 답을 얻기 위해선 상대방에게 다가가야 한다.

물론 그 과정에서 안전거리가 무너지고 상처를 입을 수도 있다. 타인에 대해 알아가는 것은 시간이 꽤 걸리는 일이다. 하지만 위험을 감수한 만큼 반드시 그 경험은 평생 재산이 된다. 그 재산은 '진짜 내 사람'이거나 '뒤통수를 호되게 맞은 교훈'이다.

모두가 자신의
이익을 위해
움직인다

얼마 전, 강남에서 친구를 만나 얘기를 나눴다. 그 친구는 나와 서른세 살 동갑내기 남자로, 비슷한 시기에 번듯한 회사를 박차고 나왔다. 이후 창업을 하고 여러 사업을 시도하다가 일 년 전쯤 다시 취업한 친구였다. 우리는 한때 같은 사무실을 사용했다. 그 친구는 자기 사업을 준비하고 있었고, 나는 스타트업에 갓 들어와 홍보 쪽 일을 맡아 의욕적으로 일하던 시기였다. 내가 일 년 만에 스타트업을 관두면서 자연스럽게 만날 일이 적어졌었다. 그 친구는 퇴사한 지 약 3년 만에 자기 사업을 접고 재취업을 했다고 한다.

사실은 꽤 오랫동안 만나지 못해서 대화거리가 적을까 봐 조금 걱정했는데, 다섯 시간 넘게 수다를 떨다가 헤어졌다. 역시 비슷한 시행착오를 겪은 사람과는 언제나 할 말이 많다. 회사 바깥에서 뭐 좀 해보겠다며 발버둥을 친 우리가 느꼈던 감상은 비슷했다. 바깥은 야생이라는 것이다.

회사는 '업계'라고 부르는 자신들의 전쟁터에서 싸우는 각각의 군대다. 업계가 어떤가에 따라 분위기는 다르지만, 군대라는 사실에는 변함이 없다. 한정적인 의사 결정 속에서 각자의 역할이 뚜렷하고 그 안에서 움직여야 한다.

• • •

세상에 사기꾼이 정말 많다

지금 이 순간에도 회사를 관두고 창업을 생각하는 사람이 많을 것이다. 나는 그 결정에 얼마든지 응원을 보낼 준비가 돼있다. 어차피 회사라는 곳이 내가 평생 다니겠다고 마음먹는다 한들 그럴 수 있는 곳도 아니다. 예상 밖의 순간은 언제, 누구에게나 올 수 있다. 회사들은 직원을 고용할 때 이미 쉽게 해고를 할 수 있도록 뽑고 있으니까. 원하든 원하지 않든 회사 바깥의 삶은 이미 우리를 기다리고 있는 셈이다.

내가 겪은 회사 밖의 삶은 매우 힘들었다. 어떤 것을 생각하든 상상 이상이었다. 언젠가 친구를 만났을 때 친구와 했던 얘기가 있다. "생각보다 세상에 사기꾼이 정말 많더라"였다. 그 친구는 어떤 물건을 팔던 사람이 재고 물량을 친구에게 떠넘기려고 판매 성과나 업계 전망에 대해 터무니없이 뻥튀기했던 것을 떠올리며, "예전엔 열 명 중 두 명 정도 나쁜 사람일 거라 생각했는데, 요즘엔 여덟 명이 나쁜 사람으로 보인다"고 말했다.

그러자 혹시 누군가에게는 내가 사기꾼으로 기억되고 있지는 않을까 하는 궁금증이 생겼다. 계속 영업과 홍보하는 일을 했기 때문에 그럴 수 있다고 생각했다. 사기꾼 중에는 애초에 누군가를 속일 생각이 없었던 사람도 있고, 속이고도 속인 줄 모르는 사람도 있다. 사기꾼의 행위는 지탄받아 마땅한 일이지만, 친구를 속인 그 사기꾼은 아마 자신도 살아남기 위해서 한 행동일 것이다.

· · ·

문밖에서 살아남는 법

회사 안에서는 적이 뚜렷하다. 승진을 두고 경쟁하는 동료일 수도 있고, 내 성과를 가로채는 상사일 수도 있다. 가끔은 다른 부서를 상대로 팀이 뭉쳐서 싸워야 할 때도 있으며, 궁극적으로는 경쟁사라는 큰 적이 있다.

그런데 회사 바깥에서는 그 모든 것이 모호해진다. 도움을 주겠다며, 협력하겠다며 다가오는 사람들에게도 의구심부터 든다. 하지만 당장 도움이 간절할 땐 그 의심스러운 손마저도 간절해진다. 정글을 헤매다가 낯선 사람을 만나면 믿을 수 없어 두렵지만, 동시에 반갑고 의지하고픈 마음도 생기기 마련인 것처럼 말이다.

이런 정글에서 살아남는 법은 학교에선 한 번도 배운 적이 없었다. 학교에서는 착하게 살라고만 하지, 어떻게 자신의 주관을 세울 수 있는지 알려주지 않았다. 인간을 믿으라고만 하지, 어떤 인간들이 믿을 만한지 어떤 인간들은 믿을 수 없는지 알려주지 않았다. 학교에서 배운 유일한 생존 처세술은 경쟁에서 승리해 등용문을 통과하는 것이었다. 회사에 들어가거나 공무원 시험에 합격하라고 한다. 등용문을 무사히 통과해 아무리 열심히 살아도 안정된 삶을 평생 보장하지 않는다는 사실은 제대로 알려주지 않는다.

스물아홉 살에 자신만만하게 언론사를 박차고 나왔지만, 그로부터 3년간 좌절의 연속이었다. 난 세상 물정을 몰라도 너무 몰랐고, 자신을 과대평가하고 있었으며, 사람을 너무 믿었다. 그런 내가 어떤 실패와 시행착오를 겪었는지 공유한다면 등용문 바깥의 삶을 준비하는 데 작게나마 도움이 될 수 있으리라 생각한다.

내 월급값에
포함된 것들

언론사를 그만두고 앱 서비스를 준비하는 스타트업 회사로 옮기면서 겪은 어려움 중 하나는 월급 지급일이 자주 늦어졌다는 것이다. 서비스 론칭 전 넉넉지 않은 자본으로 사업을 굴리고 있었기 때문이다. 자본을 쓸 우선순위가 있었을 것이고, 내 월급은 우선순위에서 밀리곤 했다. 나의 월급 지급은 자주 늦어지곤 했다.

난 그 상황을 적극적으로 이해하고 수용하는 편이었다. 회사의 난관을 함께 헤쳐 나가야 한다는 열정으로 회사 일을 해나갔다. 월급 지급일이 늦어질 때마다 이전에 쌓아 놓은 퇴직금을 깎아 먹었다. 새로운 일을 한다는 사실에 흥분해 심각한 상황을 인지하지 못했다. 6개월 후 통장 잔액이 바닥나기 전까지 말이다.

사람 마음이 간사하다는 얘기는 익히 들어서 알고 있었지만, 내 마음이 그렇게 간사한 줄은 꿈에도 몰랐다. 난 더는 회사의 자본 사정을 봐줄 수 있는 넉넉한 마음을 가진 직원이 아니었다. 바닥난 내 통장 잔액을 위해 나설 사람은 나밖에 없었다.

하지만 그때도 월급 날짜가 지났으니 돈을 좀 빨리 달라고 말하는 게 너무 힘들었다. 회사의 대표 부부가 내 오랜 지인인 데다, 정말 회사를 위해 최선을 다하고 있다는 사실을 알고 있었기 때문이다. 하지만 그보다 날 더 괴롭혔던 것은 내가 과연 '돈값'을 하고 있는가에 대한 스스로의 의문이었다.

일반 회사에 다닐 땐 나의 인건비에 대한 의심을 한 번도 해본 적이 없었다. 무조건 당연한 거였다. 그런데 갓 창업해 자본이 부족한 회사에 다니니, 내 능력에 대한 차가운 평가와 돈값에 대한 생각을 안 할 수가 없었다. 돈값을 하기에 스스로가 너무 부족하다고 생각했고, 그런 내가 부끄러워서 퇴근길 버스 안에서 얼마나 자주 울었는지 모른다. 내가 나를 고용하고 있다면 당장 자르고 싶을 거라고 생각하며 말이다.

스스로 돈값을 못한다고 여기니 회사 안에서 자신을 위해 목소리를 내는 일에 항상 주저했다. 얼마나 심했냐면, 서비스 영업 때문에 교통비가 발생해도 청구하기조차 어려웠다. 오히려 회사에서 먼저 청구하라고 했음에도 나는 그러지 못했다.

칼같이 제때 나오던 월급을 받을 땐 당연히 난 그런 보상을 받을 자격이 있다고 생각했다. 하지만 월급을 받을 수 있을까, 없을까 고민을 하는 상황에서는 너무나도 쉽게 자신의 노동 가치에 대한 의문이 들기 시작했다. 그 의문은 나라는 사람에 대한 가치 혼란으로까지 이어졌다. 그 때문에 난 아무도 시키지 않았고 바라지도 않았던 호구 짓을 자처했다. 받을 돈 앞에서 나는 소심해졌고, 사생활 없이 항상 일을 붙잡고 있었다.

· · ·
회사의 모든 일을 '내 일'처럼 여기지 마라

그럼에도 월급일이 계속 미뤄지고 생활이 힘들어지자, 나는 다시 내 상황을 객관적으로 생각해보게 됐다. 그리고 내가 얼마나 단단히 오해를 하고 있었는지 깨달았다.

회사에서 진행하던 프로젝트는 애초에 한 사람의 힘으로 성공시킬 수 없는 프로젝트였다. 만약 성공시킬 한 사람이 있다면, 그건 바로 대표였다. 사업의 성공은 투자를 얼마나 유치하느냐에 따라 좌지우지되니 말이다. 나는 할 수 없는 일이었다.

이 사실을 깨닫자, 회사에서 내가 뭐라도 되는 듯 심각하게 일을 대하던 태도가 오히려 부끄러웠다. 나는 조직에서 역할에 대한 파악 없이 열정만 앞세워 자아도취적인 태도로 일을 했다. 모든 일을 '내 일'처럼 여긴 것이다. 실제로는 아니었는데 말이다. 내 일이 아닌 것을 내 일처럼 생각하고, 할 수 없는 일을 할 수 있다고 생각하면 소모적이고 비생산적인 업무가 많아진다. 이는 결과적으로 업무 집중도를 해쳐 성과를 내는 데 장애가 되는 경우가 더 많다. 그걸 깨달았을 땐 이미 회사를 그만둔 후였다.

돈값에 대한 생각도 달라졌다. 돈은 분명 생산 가치에 대한 측정 단위이긴 하지만, 개인의 '생산 가치' 측정은 생각보다 기준이 모호하다. 그 기준을 제시하는 것은 기업의 몫이다. 내가 돈값을 하네, 못하네 자책하고 있을 일이 아니었다.

물론 생산성에 대해 고민을 하는 것은 좋은 태도다. 하지만 영업 과정에서 발생한 비용도 청구하지 못하는 것은 나의 노동 가치에 대한 심각한 평가 절하였다. 힘든 회사 사정 빤하게 알아도 월급 지급이 늦어져 견디기 힘들 때는 내 돈 먼저 달라고 당당하게 얘기할 수 있어야 했다.

하지만 그 당시 나는 자신의 편이 아니었다. 항상 타인의 인정이 고팠고, 그래서 자주 남의 편이 되곤 했다. 스스로 노동 가치를 서슴없이 폄하할 정도로 자신에게 적대적이었다. 내가 내 편이 되기까지 여러 번 뒤통수를 맞아야 했다. 뒤통수와 맞바꾼 교훈을 지금부터 알려줄 테니 호구들은 주목하시라.

엉뚱한 데서 자아실현하며 호구를 자처하지 말 것

난 두 가지의 '열정 페이'가 있다고 생각한다. 첫 번째는 가장 일반적이라고 할 수 있는 경험 자체에 가치를 둬서 노동의 대가를 충분히 얻지 못하는 경우다. 두 번째는 스스로 보상 이상의 열정으로 일을 대하는 경우다. 지금 하려는 얘기는 후자다.

언론사를 그만두고 이직한 스타트업에서 내가 특히 열정을 쏟아 진행했던 일은 핸드 메이드 상거래 플랫폼 관련 프로젝트였다. 브랜드 이름을 짓는 것부터 시작해서 시장 조사, 앱 서비스 기획, 홍보를 위한 핸드 메이드 작가 인터뷰, 오프라인 이벤트 기획 운영, 공식 SNS 운영, 작가 영업 등 프로젝트와 관련해 관여하지 않은 일이 없었다. 엄청난 애정을 쏟았다. 항상 그 일을 붙잡고 있었고, 사생활도 거의 없다시피 하며 시간을 보냈다.

그런데 어느 날, 친한 언니이기도 한 이사님이 나의 작업량과 일의 퍼포밍에 대한 냉정한 피드백을 해왔다. 작가를 만난 후 인터뷰가 나오기까지 시간이 너무 오래 걸리고, 플랫폼과 관련된 업무 이외에 중간 관리자로서 일에는 너무 소홀하다는 것이었다.

그 얘기를 듣고 돌아보니, 내가 일하는 방식은 말 그대로 엉망진창이었다. 시장에서의 성공을 위한 목표 설정을 하기보다는 핸드 메이드 작가들을 위한다는 어설픈 영웅심이 앞선 일처리를 하는 경우가 빈번했다. 예를 들면, SNS 게시물 하나를 올려도 플랫폼의 이름을 알리는 것보다 작가의 이름을 알리는 데 더 초점을 맞췄다. 또 홍보 담당자로서 빠르고 효율적인 콘텐츠 제작을 하기보다는 작가적 욕심이 더 앞서기도 했다. 인터뷰 콘텐츠 하나 만드는 데도 오랜 시간을 들였다. 일을 하면서 내 욕심을 먼저 차린 것이다. 그러니 투입한 열정 대비 저효율의 결과물을 내고 있었던 거다. 정말 엉뚱한 데서 자아실현을 한 꼴이었다.

누군가의 밑에서 일한다면 무엇 때문에 내가 돈을 받고 있는지 확실히 정의해야 한다. 각자의 역할이 모호한 작은 조직일수록 더욱 확실히 해야 한다. 작은 조직에서는 개개인의 역량이 조직에 미치는 영향이 크다. 그래서 내 역량이 고스란히 시험대에 오르는 경험을 하게 된다. 그때 조직 내에서 할 일을 정확하게 정의하지 못하면 내가 한 일에 대한 성과 평가도 모호하게 내릴 수밖에 없다. 내가 일을 제대로 해내고 있는지 확인할 수 없기에, 일을 하면서 자존감이 낮아질 수밖에 없다. 어쩌면 그때 나는 낮아진 자존감을 회복하려고 내가 생각한 '자아실현'에 더 열을 올렸던 것일지도 모른다.

또한 구성원의 역할을 정의해줄 수 있는 조직이 성장 가능성이 큰 조직이다. 일이 산만하다는 것은 역량을 집중할 프로젝트를 찾지 못했다는 뜻이다. 조직 내에서의 역할을 정의하는 일은 내가 일을 효과적으로 잘하기 위해서, 그리고 조직의 성장 가능성을 가늠하기 위해서 필수적이다.

어차피 조직 안에서는 개인적인 자아실현을 할 수 없다. 하려고 해봤자 조직의 목표와 충돌하기 쉬워서 이도저도 아니게 된다. 윗선을 상대로 쓸데없는 감정싸움만 일삼게 된다. 감정싸움 해봤자 어차피 결정을 내리는 것도 책임을 지는 것도 대표다. 그러니 의견 개진도 적당히 하는 편이 좋다. 쓸데없이 싸우다가 의사 결정만 느려지고 시장 경쟁에서 도태될 뿐이다. 누울 자리에서 발을 뻗어야 한다.

나는 이 과정에서 '나의 콘텐츠'를 만드는 데 뜻이 있다는 것을 깨달았다. 그 숱한 일들 중에서 내가 끈질기게 붙잡은 일은 작가들을 인터뷰하고 글을 쓰는 일이었다. 엉뚱한 데서 자아실현을 하고 있었던 셈이다. 이는 조직에게도 나에게도 민폐가 되는 일일 뿐임을 깨닫고 스타트업을 나오기로 결심했다.

나야 퇴사로 결론을 내렸지만, 다 나처럼 무턱대고 회사를 나올 수는 없는 노릇이다. 그렇다면 최소한 일은 일로, 자아실현은 별도로 바라보는 연습을 하자. 회사 일이 훨씬 편해질 것이다.

일의 대가는
반드시
돈으로 받아라

스타트업을 나온 명분은 크리에이터가 되는 것이었다. 하지만 너무 새로운 일이라 두려운 나머지 쉰다는 명분 아래 아무것도 시도하지 못했다. 그렇게 백수로 지내는 날이 점점 길어지고 있었다. 난 스물한 살 때 1년간 대학교를 휴학한 이후로 단 한 번도 쉰 적이 없었다. 늘 학교에 다니거나 아르바이트를 하거나 회사에 다니고 있었다. 그래서 쉬는 날이 길어질수록 불안이 점점 날 잠식하기 시작했다. 휴학했을 때처럼 아무것도 못 한 채 허송세월할까 봐 무서웠다.

그때 문화 예술 프로젝트를 진행하던 아는 동생에게 함께 일하자는 제안을 받았다. 처음엔 그 친구가 진행하는 행사에서 사소하게 일손을 도우며 일당을 받는 아르바이트 형식이었다. 그렇게 일하다가 그 친구가 운영하는 공간에도 제집 드나들듯 자주 가게 됐고, 여러 방면에서 예술을 하는 친구들이 생겼다. 그러다 보니 여기에서 일을 도와주며 다양한 사람들과 함께 영상 콘텐츠를 만들어가는 것도 괜찮지 않을까 싶어서 함께 일하자는 제안을 수락하게 됐다.

처음에는 정말 가벼운 마음으로 드나들기 시작하다가, 돌아가는 사정을 잘 알게 되면서 나도 모르게 관여하는 것들이 많아졌다. 급기야 그 공간과 조직의 자립 모델을 만들겠다며 양손 걷고 나서게 됐다. 원래 목표였던 크리에이터로서 영상을 만드는 일은 점점 내 일이 아닌 것처럼 돼갔다.

결국은 그 조직에서 했던 일도 과거 스타트업에서 맡았던 역할과 크게 다르지 않게 된 것이다. 프로젝트 홍보를 위해 SNS를 운영하고, 보도 자료를 써서 배포하고, 홍보 콘텐츠를 만들었다. 거기에 행사 기획과 운영까지 했다. 심지어 기초적인 조직 운영 체계도 부실해서 재정비한 조직 운영안을 만드는 데도 참여해야 했다.

그것도 스타트업에서 받았던 월급의 절반도 훨씬 못미치게 받으면서 말이다. 비영리 단체였고, 프로젝트 조직이었기 때문에 정말로 성장 가능성만 보고 일했다. 진정한 열정 페이였다.

열정 페이가 왜 열정 페이인가

그곳에서 1년 6개월 남짓 일을 하면서 깨달은 것이 정말 많았다. 우선 최저 시급의 존재 이유에 대해서 정말 뼈저리게 깨달았다. 자본주의 바깥세상에서 살 것이 아니라면 반드시 노동 시간에 상응하는 최저 시급은 받아야 한다.

그 일은 아버지의 반대를 무릅쓰고 시작한 일이라 반드시 목표한 결과를 내겠다는 생각에 다른 일도 안하고 거기에서 받은 돈으로만 생활했다. 그러자 그 돈이 내 생활을 유지하는 데 얼마나 턱없이 모자란 돈인지 금방 깨닫게 됐다. 돈이 없으니 교통비와 식비를 최소한으로 유지하기 위해 인간관계를 최소한으로 축소할 수밖에 없었고, 부모님의 생신도 제대로 챙겨드릴 수 없게 됐다. 그러니 새로운 관계를 맺거나 무언가 배우는 것은 꿈도 못 꿀 일이었다. 돈을 아끼려고 집이나 일하는 공간에 머무는 시간이 많아졌다. 내 세계가 한없이 좁아지고 있다는 것이 느껴졌다. 덩달아 내 마음도 좁아져서 화를 내는 일이 잦아졌다.

'시간은 돈'이라는 말이 비유가 아님을 피부로 느낄 수 있었다. 왜 노동의 대가를 생산성만으로 측정하지 않고 최소 금액을 측정해야만 하는지도 깨달을 수 있었다. 아무것도 생산하지 못할지언정, 사람들이 노동으로 타인의 시간을 구속할 때는 적어도 그만큼의 대가는 지불해야만 한다. 그러지 못하면 아무리 좋은 목표를 가지고 있어도 노동 착취일 뿐이다. 최저 시급을 보장하지 못할 정도로 생산성이 낮은 사업은 구조조정을 하거나 아예 접는 것이 맞다. 무엇보다 최저 시급도 보장하지 못하고 열정 페이로 굴리는 사업이라면, 애초에 생산성에 대한 충분한 고민 자체가 부족해 경험으로서도 별로 가치가 없을 확률이 높다.

· · ·
정당한 보상은 책임과 직결된다

물론 돈을 떠나 새로운 경험에 열린 태도를 갖는 것은 중요하다. 나도 그 문화 예술 단체에서 본격적으로 일하기 전에는 연령, 성별, 경험을 뛰어넘어 다양한 친구들을 사귀고 즐거운 시간을 보냈다. 하지만 그런 장점이 열정 페이로 일하는 것에 대한 정당성을 부여하는 것은 아니다. 경험하지 않아도 되는 일을 굳이 위험 부담을 가지면서까지 경험할 필요는 없다.

일단 마땅한 노동의 대가를 못 받는 것 자체가 자본주의 사회에서 생존을 위협받는 일이고, 무엇보다 경험의 가치가 기대한 것보다 한참 부실할 가능성이 매우 크기 때문이다.

당신이 혹시라도 열정 페이로 일을 한다면, 내 부족한 수익의

구멍을 누가 감수하는가를 반드시 생각해봐야 한다. 당신이 당신만 책임지고 있다면, 한 번쯤은 열정 페이를 감수하는 것도 나쁘지는 않을지 모른다. 하지만 어린 자녀나 나이든 부모님이 있다면 기회비용에 대해 보수적인 태도로 접근하는 것이 옳다. 책임의 존재를 잊지 않으며 기회의 가치를 판단해야 한다.

안전하게 열정 페이를 감당할 수 있는 나이는 20대 중후반 정도까지라고 생각한다. 물론, 30대가 넘으면 도전을 멈춰야 한다는 얘기는 절대 아니다. 도전을 하더라도 기회의 가치에 대한 냉정한 평가를 성실하게 해야 한다는 의미다.

난 열정 페이로 일했던 조직에서의 경험을 실패로 정의하고 일을 그만뒀다. 그 실패의 경험은 평생의 재산이 되긴 했지만, 1년 6개월 간 후퇴한 커리어를 복구하기 위해서 난 제로부터 다시 시작해야 했다.

함께해서 더러웠고, 다신 만나지 말자

언론사를 관두고 유튜브 채널을 시작하기까지 3년여의 시간은 실패의 연속이었다. 스타트업에서는 앱 서비스를 궤도에 올리지 못하고 1년 만에 퇴사했고, 부모님을 도와 사과를 팔려고 하던 것도 금세 그만뒀다. 또 비영리로 운영됐던 문화 예술 단체에서 경제적 자립과 지속적 수익 모델 창출을 목표로 일했지만 처참하게 실패했다. 실패를 연속하는 동안 인간관계도 많이 망가졌다. 특히 부모님의 신뢰를 잃었다.

당장 돈이 급해 장기로 붓던 적금과 보험을 깨야 했고, 건강 보험료가 밀려 모든 계좌의 거래가 중지된 적도 있었다. 함께 회사에 다니던 동료들은 대리, 주임, 과장을 달고 결혼도 하고 아이도 낳으며 나보다 한참 앞으로 나아가고 있었다. 그런데 나는 3년간 경력도 복잡하게 꼬여버려서 취직을 한다면 졸지에 서른두 살의 신입 사원이 돼야 할 판이었다. 경험은 잡다하게 많지만, 무엇을 가지고 돈을 벌어야 할지 감조차 잡을 수 없었다. 바닥으로 떨어진 정도가 아니라, 사방이 캄캄한 지하로 굴을 파고 들어가 있는 느낌이었다.

나의 세 번째 도전이었던 문화 예술 단체에서의 일을 그만두기로 마음먹은 후에는 귀갓길에 소주 한 병을 사 가는 일이 잦아졌다. 아무도 없는 집에서 술을 마시며 울다가 잠드는 일은 일상이 됐다. 술을 마시다 보면 함께 그 단체에서 일하자고 제안했던 동생에게 원망의 화살이 향할 때가 많았다. 가치 없는 일에 내 능력과 시간이 이용당했다는 생각과 패배감, 그리고 증오감을 지우기 힘들었다.

어떻게든 증오의 감정을 해소하고 싶어서 그 동생과 단체에 대한 뒷말도 해보았다. 심지어는 동생에게 직접 날 선 말을 뱉어가며 약간의 금전적 보상도 받았다. 하지만 어떻게 해도 내 안에 싹튼 부정적인 감정을 해소할 수 없었다. 마음에 계속 곰팡이가 번식해 시커멓게 썩어 들어가는 느낌만 강해질 뿐이었다. 그런 마음 가지고는 새로운 삶을 시작하는 것이 불가능하다는 생각이 들었다.

분노하기보다 계획을 세워라

오랜 시간 땅속만 파고들다 보니, 어느 순간에는 계속 이렇게 있을 수만은 없다는 악이 생겼다. 마음을 괴롭히는 술부터 끊었다. 그렇게 정신을 맑게 한 후 전열을 재정비했다. 호랑이 굴에 들어가도 정신만 차리면 산다고 하지 않던가. 난 살고 싶었고 어떻게든 다시 시작하고 싶었다. 혹시 과거의 나처럼 실패를 일삼고 타인에게 이용당한 경험 때문에 좌절감과 분노를 떨치기 힘들다면 내 경험이 분명 참고가 되리라 생각한다.

Step 1. 남 탓보다 내 탓하며 마음 정리하기

남 탓을 멈추기란 어렵다. 특히 남 탓할 거리가 실제로 있는 경우엔 더욱 어렵다. 나도 그 단체의 대표였던 동생을 탓하는 것을 멈추기 어려웠다. 여기에 내가 탓하던 것을 나열하자면 한 페이지를 넘기고도 남을 것이다. 하지만 그러고 싶지 않다. 이미 충분히 했고, 나에게 별로 도움이 되지 않기 때문이다.

난 남 탓을 멈췄다. 정확히 말하면 포기했다. 물론 사업적 실패와 그 이유, 나에게 끼친 피해, 피해에 대해 보상을 받을 방법 등을 생각했고 앞서 언급한 대로 일부 금전적 보상을 받기도 했다. 하지만 그 친구의 진심 어린 사과와 반성은 포기했다. 난 "함께 영상을 만들며 재밌게 일해보자"는 그 친구의 말을 믿고 일을 시작했지만, 결국 그 친구가 진행하는 프로젝트의 성공을 위해서 일하게 됐다. 심지어 돈도 제대로 못 받는 상황에서 애정을 쏟아서 일했으니, 진심 어린 사과를 받을 자격이 있다고 생각했다. 그 친구는 내게 말로는 미안하다고 하고 금전적 보상도 했지만, 이후로도 사업을 운영하는 방식이나 문제를 대하는 태도는 그대로였다. 나는 내 입장을 끝내 이해하지 못하리라는 것에 계속 화가 났다.

이런 종류의 박탈감을 보상받으려면 상대방의 진심 어린 사과와 반성이 있어야 한다. 하지만 그것을 기다리는 동안 나의 귀중한 시간은 과거에 붙잡힌 채로 흐르게 된다. 그건 견딜 수 없는 일이었다. 이미 1년 6개월을 헛수고하지 않았는가. 난 박탈감에 대한 보상을 포기했다. 내 실패뿐만 아니라, 그 친구의 실패에 대한 교훈까지 위자료로 삼기로 하고 관계를 정리했다.

남 탓을 포기하니 내 탓이 보였다. 스타트업을 관두고 그냥 유튜브를 시작하면 될 것을, 혼자 일하는 게 익숙하지 않아 의지할 만한 사람을 은연중에 찾았다. 능력에 의심이 가는데도 좋아하는 동생이 함께하자고 하니까 마냥 재밌겠다 싶어서 동생의 제안을 감정적으로 덥석 수락한 것도 나였다. 돈이 무서운 줄 몰랐던 것도 나였고, 세상 물정 몰랐던 것도 나였다. 날 걱정하는 아버지의 충고를 무시했던 것도 나였고, 중간에 목표 달성이 어렵다는 것을 예상하고도 실패를 인정하기 싫은 마음에 관두는 결정을 미룬 것도 나였다. 다 나였다.

내 탓을 하니 마음이 오히려 안정됐다. 자책하며 자존감을 깎아내리라는 것이 아니다. 이 실패에 내가 잘못한 점이 있음을 인식하고 똑같은 실수를 반복하지 않으면 된다. 나는 충분히 그럴 능력이 있었다. 남 탓만 하며 잘못한 줄도 모르고 계속 같은 실수를 반복하는 타인의 개과천선을 기다리는 것보다 훨씬 확실하고 효율적이었다.

그렇게 난 마음 정리의 첫발을 뗐다.

Step 2. 새 출발을 위해 자존감 회복하기

내가 할 수 있는 행동을 실행하며 안정을 조금씩 찾아가긴 했지만, 손상된 마음을 단시간에 회복하는 것은 쉬운 일이 아니었다. 그 박탈감의 존재는 무척 컸다. 순식간에 세월이 5년 정도 한꺼번에 지나간 느낌이었고, 설렘과 즐거움이란 게 사라졌다. 사실 그 여파는 지금도 지속되고 있는 것 같다.

그러한 박탈감을 안고는 새로운 일을 해내기 어려웠다. 자존감도 당연히 바닥을 쳤다. 쉽게 무언가를 시작할 의욕이 생기지 않았다. 그래도 지금보다 더 잘 살고 싶다는 마음 하나만은 간절했다. 그래서 그 간절함으로부터 시작하고자 했다.

내가 처음으로 결정한 것은 '성숙해지자'는 것이었다. 넓은 세상을 보고자 언론사를 관두고 3년간 좌충우돌 시간을 보냈지만, 내가 겪은 것은 모조리 실패였다. 난 성장에 실패했다. 하지만 성숙해지기 위해서는 후퇴한 것 같은 지난 3년 동안 내가 무엇을 얻었는지 정의해야 했다.

난 비록 꿈꿨던 만큼 성장할 수는 없었지만, 여러 실패를 통한 숱한 가능성의 가지치기를 할 수 있었다. 그 과정에서 나의 무지함과 오만함, 한계를 받아들이게 됐다. 이제는 내가 성장할 기회보다 등에 질 수 있는 책임을 더 중요히 생각하게 됐다. 하고 싶은 것보다 할 수 있는 것을 찾으며 공짜는 절대로 믿지 않는다. 흐름에 몸을 맡기려고 노력하지만, 천운 같은 건 믿지 않는다.

그럴싸한 타이틀이나 높은 연봉과 같은 성과를 얻지는 못했지만, 날 바닥까지 내리꽂은 실패 덕분에 적어도 교훈은 얻을 수 있었다. 그 교훈을 통해 얻은 가치 기준은 내가 평생을 자신 있게 믿을 수 있다. 내가 꿈꾸던 화려한 성장은 아니었지만, 깊고 단단한 성숙이었다. 비록 지금 손에 쥔 것은 없을지라도 이것이 큰 성취라는 것을 인정하기로 했다.

이런 생각들을 하면서 언론사 퇴사 후 3년을 내 삶으로 깊게 받아들이게 됐다. 더 이상 스스로를 대단하고 멋지다고 생각하지는 않지만, 경험을 통해 실패 후에도 냉정함을 되찾고 계속 궁리하고 움직인다는 것을 알게 돼 오히려 더 탄탄한 자존감을 얻게 됐다.

나는 이제 내 갈 길만 가면 그만이다. 나에겐 실패에서 확실하게 배우고 똑같은 실수를 반복하지 않으려 노력하는 나 자신이 있다. 날 이용한 그들은 여전히 자기 주문으로 자신감을 연기하고 자신과 타인을 속이지만, 나에겐 그들 몫의 교훈까지 위자료 삼아 더 똑똑해지고 강해진 나 자신이 있다. 나에겐 주문이 필요 없다. 난 내가 얼마나 강한지 안다. 이젠 어떤 상황에서든 내 편을 먼저 들 줄 안다. 난 더 이상 자신의 적이 아니다.

Step 3. 다시 나를 위한 계획을 짜고 실행한다

정말로 비싼 교훈으로 훌륭한 가치 기준과 직관을 얻어 자존감을 회복하더라도, 이 마지막 단계가 있어야 실패를 뒤로할 수 있다. 나를 위해 다시 새로운 계획을 짜고 실행하는 것이다. 내가 더 강해지고 지혜로워졌다는 것을 눈에 보이는 형태로 증명해야 한다. 나 혼자만의 이해 정도로는 부족하다. 적어도 나는 그랬다. 내가 증오심에 치를 떨며 욕하던 사람보다 더 나은 사람이 됐음을 결과로 확인하고 싶었다. 그리고 실패를 영원히 과거로 만들어버리고 싶었다.

내가 새로운 계획을 짜고 실행하기 위해 실패에서 꺼낸 교훈은 다음과 같았다.

1. 스타트업을 관둘 때 결심한 대로 내 얘기를 하는 콘텐츠를 만든다.
2. 외롭고 두렵다고 조직에 들어가거나 만들지 않고 혼자 시작한다.
3. 애매한 가치 목표, 가령 '따뜻한 세상을 만든다'와 같은 목표 말고 구체적인 수치 목표를 정한다.
4. 목표 달성을 하지 못하면 능력치 부족으로 판단해, 주변에 더는 민폐를 끼치지 말고 깨끗하게 접는다.

그때 내 머릿속에 대뜸 떠오른 것이 유튜브 채널이었다. 하지만 내가 유튜브 수익화에 걸리는 시간을 견딜 수 있을까 하는 의문이 들었다. 그래서 당장 시작할 수 있는 강연 콘텐츠 제작에 관한 생각도 해봤다. 하지만 이내 사람들이 오프라인에서 한두 시간을 기꺼이 투자할 만한 질 높은 콘텐츠를 만들 수 있을까에 대해 의문이 들었다. 원고를 써서 출판사에 투고해볼까도 생각해봤지만, 들이는 수고 대비 결과를 예측하기 너무 어렵다는 생각이 들었다.

어떤 결정을 할까 계속 고민하다가 지금이야말로 순수하게 잘될 것 말고, 하고 싶은 것을 선택해야 할 순간이라는 생각이 들었다. 왜냐면 지금껏 '어떻게 해야지 쉽게 잘될까?' 하고 잔머리를 쓰다가 다 실패했기 때문이다. 그래서 이번에는 내가 하고 싶었던 유튜브 채널을 선택했다.

유튜브 채널을 만들기로 하고 다음과 같은 계획을 세웠다. 보면 알겠지만 다 실패의 교훈에 근거한 계획이다.

1. 친한 친구, 언니, 누나처럼 자신의 얘기를 풀어내는 콘텐츠를 만든다.
2. 혼자 채널 디자인부터 영상 기획, 촬영, 편집까지 다 한다.
3. 1년 내로 10만 구독자 확보를 목표로 한다.
4. 1년 내로 3만 구독자 확보를 하지 못하면 크리에이터로서 장래를 재고한다.

그렇게 채널을 시작한 것이 2018년 1월이었다. 물론 원고를 쓰고 있는 지금(2019년 3월)도 10만 구독자는 확보하지 못했다. 하지만 8만 구독자를 확보하고 출판 제안을 받아 이렇게 글까지 쓰고 있으니, 지금껏 내가 했던 어떤 계획보다 효과적이었다고 결과로 자신 있게 말할 수 있다.

이젠 호구 짓으로 느꼈던 박탈감도 크게 느끼지 않으며, 이전의 실패보다 훨씬 무게감 있는 새롭고 어려운 도전이 기다리고 있다. 언론사 퇴사 후 3년간의 세월이 드디어 과거가 돼가고 있음을 실감할 수 있어서 무척 기쁘다.

선량한 그 사람이
당신의 자존감을
갉아먹는 방법

대부분의 사람들이 믿고 멀리하는 인간 유형을 얘기할 때 대표적으로 '답정녀(답은 정해져 있으니 너는 대답만 해)'와 같은 사람들을 많이 떠올린다. 대부분의 답정녀는 해결책을 제시해도 자기 연민에 빠진 채 끊임없이 위로의 말만을 바란다. 그런 그들에게 에너지를 쏟아봤자 결국엔 헛수고하는 꼴에 불과하므로 사람들은 기를 쓰고 멀리한다.

나도 답정녀를 멀리하긴 하지만 말도 섞어선 안 되는 사람이라고는 생각하지 않는다. 그들은 타인을 매우 성가시고 지치게 하지만, 사실 강한 자기 불신을 가지고 있어서 타인의 눈치를 많이 살핀다. 그래서 냉정한 마음을 먹고 조금만 모질게 행동하면

금세 나가떨어지는 경우가 많다.

　가끔 나에게는 이런 답정녀 유형의 사람들이 고민을 들고 다가오는 경우가 있다. 그들은 내가 동정심이 많으리라는 기대를 안고 다가온다. 그런데 정작 나는 고민에 대한 해결책을 두세 개 제시하고는 '난 이렇게 생각하는데 참고해봐'라는 태도로 일관한다. 그래서 보통은 고민을 들고 온 사람들이 내 페이스에 휘말려 설득당하거나 '이게 아닌데'라고 생각하며 돌아선다. 애초에 나에겐 그들이 의지할 만한 동정심이 적기 때문에 답정녀를 대하는 게 어렵지 않다.

· · ·

피해야 할 나르시시스트의 세 가지 특징

그럼 내가 믿고 멀리하는 사람들은 어떤 사람들이냐? 바로 자신을 맹신하는 사람들이다. 유튜브 채널에서는 '사이비 교주 스타일의 나르시시스트'라는 타입으로 제시했다. 사이비 교주 스타일이라고 하니 엄청 거창하게 들릴지 모르겠지만, 생각보다 꽤 흔하게 만나볼 수 있는 타입이다. 근거 없는 자신감을 당당하게 외치고 다니고, 스티브 잡스에게 근거 없는 동질감을 느끼는 부류랄까. 내가 보기엔 스티브 잡스와 하나도 닮지 않았는데 말이다.

내가 겪은 이들의 특징은 크게 세 가지다.

첫 번째, 의심을 허락하지 않는다. 이들은 연인이 자신의 사랑을 의심하는 기색이 보이면 '우리 사이에 신뢰가 이 정도였다니'라며 화를 내거나 슬퍼하곤 한다. 회사를 운영하고 있다면 자신이 제시한 화려한 비전에 심취해 직원들이 제기하는 비판에 귀 기울이지 않을 것이다. 그들은 전폭적인 신뢰를 당당하게 요구하고 자신들이 마땅히 받을 자격이 있다고 여긴다. 실수나 실패를 해도 믿음과 이해가 부족한 타인을 탓한다. 혹은 자신을 받아들여 주지 않는 세상을 탓할 수도 있다.

두 번째, 당신의 시간을 독점한다. 그들은 자신의 계획을 언제나 최우선으로 둔다. 사실 이것 자체는 나쁠 것이 없다. 하지만 그들은 자신의 계획에 타인을 동원하고 보상 없이 시간과 재능, 심한 경우엔 돈까지 앗아간다.

이렇게 풀어놓고 보면 명백한 사기처럼 보이기 때문에 특수한 상황처럼 보이겠지만, 사실 흔히 일어나는 상황이다. 많은 사람이 경험을 쌓으려고 하다가 '열정 페이'로 쉽게 시간을 빼앗기는 경우를 예로 들 수 있다. 물론 여유 시간을 활용해 비영리적 목표를 가진 자원봉사나 동호 활동을 하는 것은 당연히 여기서 논외다. 내가 말하는 열정 페이는 합리적이고 구체적 보상 없이 경험만을 제공하는 노동을 일컫는다. 쏟은 열정과 정성이 아까워 어떻게든 결과를 내겠다며 돈도 못 버는 일에 긴 시간을 투자하게 되고, 점점 여유가 없어져서 기댈 곳을 찾게 된다. 한없이 초라해진 당신이 기댈 곳은 아이러니하게도 돈 못 버는 일에 당신을 투입한 그곳 혹은 그 사람일 가능성이 크다. 그들은 당신이 불태운 열정과 재능을 가장 잘 알아주고 편을 들어줄 것이다. 헛수고를 헛수고가 아니라고 말하는 그 달콤한 말에 넘어가 기대기 시작하면 그들은 본격적으로 당신의 시간을 독점할 것이다. 사실 그들은 당신의 귀중한 시간의 가치를 0.1퍼센트도 보상해주지 않는다.

세 번째, 보편타당한 명분을 내세운다. 쉽게 얘기하면 그들은 '누가 들어도 맞는 말'을 한다. 화려한 언변과 카리스마로 무장한 그들의 가장 큰 무기는 '자기 확신'이다. 그래서 사람들은 그들의 현실적 기반이 확실하리라 오해하곤 한다. 물론 자기 확신에서 시작해 현실적 기반을 마련해나가는 사람도 있다. 대부분의 사업가가 그런 사람들이다. 하지만 현실적 기반을 마련하지 못하는 이상주의자들은 무조건 자기가 옳다는 맹신에 빠지게 된다. 거기서 종교적 색채가 생기는 것이다. 괜히 내가 '사이비 교주 스타일'이라고 한 것이 아니다.

그 맹신을 지키기 위한 방패가 보편타당한 명분이다. 인정 넘치는 따뜻한 사회를 만들기 위해, 약자들이 보호받기 위해, 지구를 살리기 위해서처럼 선함이 악함을 이기게 하려고 그들은 사람들을 모으고 조직한다. 그 명분에 동의하지 않을 사람이 얼마나 있겠는가? 그 훌륭한 명분을 고작 비판으로부터 자신을 지킬 수 있는 만능 방패로 사용하는 사람들이 사이비 교주형 나르시시스트인 것이다.

내가 그들을 피하는 이유

사실 이 세 가지 특징 중 한두 가지는 나도 가진 적 있고 많은 사람이 가지고 있는 모습이다. 특히 궁지에 몰려 여유가 없는 상황에서 저런 모습은 더욱 쉽게 드러난다. 저런 모습이 드러나면 곁에 있는 사람들은 견디지 못하고 떠난다. 그럴 경우, 대부분은 사람을 잃고 상심한 후 정신을 차린다. 그리고 똑같은 실수를 반복하지 않고자 한다. 하지만 이런 우리와 사이비 교주형 나르시시스트는 차이점이 있다.

사이비 교주형 나르시시스트는 사람을 잃는다고 크게 아쉬워하지 않는다. 말로는 사람을 잃었다고 꽤 슬퍼하는데, 막상 행동이 달라지는 경우는 없다. 그들의 슬픔은 완충된 배터리를 잃어버린 정도로 보인다. 이마저도 불편하지만 약간의 수고를 들이면 회복할 수 있는 정도의 아쉬움이다. 그래서 근본 원인을 들여다 볼 생각은 하지 않고 다시 자신의 배터리를 충전해줄 호구들을 찾아 나선다.

내가 사이비 교주형 나르시시스트를 믿고 거르는 이유는 단 한 가지다. 타인의 부실한 자기 확신의 틈을 파고들어 뿌리부터 흔들며 자신의 입맛대로 바꾸려고 하기 때문이다. 그리고 자신이 꿈꾸는 꿈의 무대에 제대로 된 보상도 없이 상대방을 동원하려고 한다. 알고 보면 그 꿈이란 것도 박약한 현실 감각 때문에 내면 깊은 곳에서 항상 시달리는 불안을 위로하기 위한 것일 때가 많다. 결국 그들은 관심이라는 배터리가 필요할 뿐이다.

답정녀와 목표가 같다. 다만 답정녀는 동정심에 호소하고 사이비 교주형 나르시시스트는 동경심을 공략할 뿐이다. 하지만 사이비 교주형 나르시시스트는 상대방을 의존적으로 바꿀 수 있으므로 더 주의해서 피해야 한다.

세상 모든
똑똑한 호구들을 위한
실전 처세술

1. 당당하고 우아하게, 갑처럼 거절하는 방법

부탁이나 제안을 거절하는 건 참 어려운 일이다. 거절을 못하는 사람이 가진 두려움의 핵심은 결국 '상대방이 날 싫어할까 봐'인 경우가 많은 것 같다. 타인에게 인정받고 싶은 욕구와 좋은 사람이 되고 싶은 욕심 때문에 거절하지 못하는 것이다. 그래서 결국 자신의 재능과 시간을 원하지 않는 형태로 쓰고는 스스로 '바보 같다'며 탓한다.

자, 지금부터 부탁과 제안을 받으면 신중해지기로 하자. 부탁과 제안에 신중하다는 것은 어떤 태도일까? 그 자리에서 확답하지 않는 것이다. 우리에겐 부탁과 제안을 검토하고 결정할 시간이 필요하다. 그러니까 이렇게 답하라. "생각할 시간이 필요해요." 그렇다. 당신에겐 생각할 시간이 필요하다.

당장 돈을 꿔달라고 하는가? 만 원을 빌려달라고 하든 100만 원을 빌려달라고 하든 믿을 수 없는 사람에게 돈을 꿔주는 것은 안 될 일이다. 그리고 맡겨놓은 돈을 찾아가듯 당당하거나 돈을 안 빌려주면 나를 나쁜 사람처럼 여길 사람에겐 단돈 10원이라도 빌려줘선 안 된다. 급하게 부탁할 때 나오는 인격은 매우 적나라하다. 부탁하는 처지에 당신의 생각할 시간을 존중하지 않는다는 것은 그 사람이 얼마나 무례한 사람인지 알려주는 신호다. 그런 사람은 아예 거리를 두는 게 좋다. 솔직히 난 그런 사람의 부탁은 정중하게 거절한 후에 연락처를 바로 차단하기도 한다. 나는 많은 연락처를 여러 가지 이유로 차단했는데, 그것 때문에 문제가 생긴 적은 단 한 번도 없었다. 그러니까 차단을 두려워 마시라. 이런 사람들은 빈틈을 보여주면 끈질기게 연락할 가능성이 높다. 그러니까 정중하지만 단호하게 거절하는 게 좋다.

눈앞의 제안을 당장 수락하지 않으면 사라질까 두려운가? 제안의 내용을 파악하기도 전에 사라지는 제안이라면, 내 기회가 아닌 것으로 여기는 편이 낫다. 귀중한 내 시간과 재능을 써야 하는데 아무 제안이나 덥석 수락해선 안 된다.

그리고 부탁과 제안을 하면서 "시간이 없다"고 말하는 사람들은 주의가 필요하다. 마땅히 우리가 가질 수 있는 여유를 지워버리는 말이기 때문이다.

어떤 부탁이나 제안을 하든 당신을 존중하는 사람은 당신의 시간도 존중할 것이다. 상대방의 부탁이나 제안의 내용보다 가장 먼저 점검해야 할 것은 상대방이 가진 나를 향한 존중의 태도다. 그리고 나를 존중해준 만큼 부탁과 제안을 성실하게 검토하면 되는 것이다. 그걸로 예의는 다한 것이다.

만약 그런 시간을 가지고 거절하기로 결정했다면 거절의 말을 하기가 훨씬 쉬울 것이다. 왜냐면 마냥 두려워서 거절하는 것이 아니라, 구체적인 거절의 이유를 들고 있을 것이기 때문이다.

2. 만만한 취급당했을 때 대처법과 예방법

만만하게 보여서 고민인가? 남들이 무례한 말을 하는데도 나도 모르게 기죽어 받아치지 못하는가? 아니면 극단적으로 받아쳐서 분노 조절 장애처럼 보일까 봐 걱정되는가? 그런 고민을 해결하기 위해선 가장 먼저 답해야 할 질문이 있다. 왜 우리는 만만하게 보일까?

우리가 만만하게 보이는 이유는 '쫄았기' 때문이다. 왜 쫄았을까? 평가를 당하고 있기 때문이다. 만만한 우리는 사정없이 평가를 당한다. 외모를 평가당하고, 성격을 평가당하고, 능력을 평가

당한다. 그 과정에서 '쫄보'인 우리는 착각을 한다. 평가하는 사람이 평가할 자격이 있는 줄 아는 것이다.

물론 평가를 해야만 하는 사람들이 있다. 시험을 채점하는 선생님, 유죄와 무죄 판결을 내리는 판사, 인사 고과 평가를 하는 회사원 등등. 하지만 이들이 무언가 평가를 할 때는 엄정한 기준이 있다. 예를 들면, 시험지엔 답안이 있고 판사는 법에 근거한 판결을 내리며 인사 고과 평가에도 기준도 있다. 즉, 평가를 하는 사람은 자격을 갖춘 사람들이다.

하지만 일상생활에서는 그 누구도 타인을 평가할 자격이 없다. 자신의 자리에서 평가를 할 자격을 갖춘 사람들마저도 일터를 떠나면 누군가를 평가할 자격은 없다. 하지만 우리는 학교에서부터 시험에 시달리고 살아서인지 평가를 당하는 상황에 무척 익숙해져 있다. 그러다 보니 누군가 나를 만만하게 보고 평가하고 조롱해도 잘 대응하지 못한다.

그렇다면 앞으로 만만한 취급을 당했을 때 가장 먼저 떠올려야 할 사실은 무엇일까? 누군가 외모나 성격, 사생활과 같은 인격 부분에서 나를 평가한다면 그 자체가 선을 넘은 것이라는 사실이다. 이 세상 그 누구도 인격을 그렇게 쉽게 평가할 수 없다. 날 낳은 부모님이라도 그럴 권리는 없다. 심지어 그 평가의 말이 맞는 것 같아도 상대방이 그럴 자격이 없다는 사실은 변함이 없다. 그러니까 그런 무례한 평가의 말을 들으면 선을 넘었음을 바로 알려줘야 한다.

직장 상사가 그러면 어떻게 하느냐는 질문도 많이 들어왔다. 째려볼 수야 없겠지만, 인격 모독에 대한 발언은 얼마든지 부적절함을 따져도 된다.

만약에 직장에서 상사가 "이것도 제때 처리 못해! 너 돌대가리야?"라고 한다면 정중하게 "그 업무를 제때 처리하지 못한 건 죄송하고 앞으로 고쳐나가겠습니다만, 돌대가리라고 말씀하신 부분은 인격 모독이니 사과해주셨으면 좋겠습니다"라고 얘기할 수 있어야 한다. 사람들이 많은 곳에서 그렇게 말하면 공격적으로 받아들일 수 있으니, 일대일로 얘기하거나 아니면 아예 문자로 보내서 답장을 증거로 남겨놓는 것도 괜찮다.

인격 모독을 참을 만큼 대단한 직장은 없다고 생각한다. 그리고 평생 다닐 생각이 있는 직장이라면 더더욱 인격 모독적 상황에 노출되지 않도록 확실한 대응이 필요하다.

인격은 나의 기본적인 가치다. 내가 제시한 대처법이 옳지 않을 수도 있지만, 그걸 지키기 위한 노력은 결코 게을리해서는 안 된다. 삶이 게임이라면 인격은 기초적인 판돈이다. 판돈이 없으면 게임에 임할 수도 없다. 그러니까 무례함을 용인하지 마라. 판돈을 깎아 당신의 공격력을 약화하려는 사람들을 경계해야 한다.

3. 사과는 빌려준 돈을 받듯 받아야 한다

앞에서 나는 뒤통수 맞은 뒤 마음 정리를 할 때 '남 탓'을 하기보다는 '내 탓'을 해야 한다고 말했다. 하지만 거기에서 '내 탓'을 한다는 것이 마냥 용서해주고 관용적인 태도를 보여야 한다는 말은 절대 아니다. 그 글을 한 번 더 자세히 보면 알겠지만, 난 금전적 보상을 일정 부분 받았다. 내 열정과 시간을 쓴 부분에 비하면 적은 돈이지만, 어차피 돈을 더 받을 수 있는 상황도 아니었고 내가 잘못 선택한 부분도 있으니 '마음 정리를 위해' 교훈을 얻고 털어버리는 과정을 가졌다는 뜻이다. 절대 오해가 없길 바란다.

사실 나는 말로만 하는 사과를 매우 싫어한다. 자, 말만 번드르르한 사과의 내용을 살펴보면 다음과 같다.

1. 반성하고 있다고 하지만 어떤 일에 대한 반성인지 모호하다.

2. 후회와 슬픔에 잠긴 자기의 모습이 얼마나 불쌍한지 묘사한다.

3. 빠르고 조건 없는 용서를 요구한다. ex) 용서할 때까지 사과할게.

심지어 이런 종류의 사과를 하는 사람은 SNS에 반성문을 올리기도 한다. 누굴 향해 어떤 잘못을 했는지 쏙 빼놓은 채 말이다. 글은 또 얼마나 잘 쓰는지, 사람들은 용기 내서 반성을 하는 그 사람에게 응원을 보낸다. 사실 그 사람은 직접적인 책임은 지지 않고 그 정도로 무마하려고 하는 행동인데 말이다.

나도 예전에는 그 정도의 사과로 사람을 용서한 적이 있다. 그런데 똑같은 실수를 그대로 반복하는 것을 보고, 말로만 하는 사과는 진짜 사과가 아니라는 것을 깨달았다. 빚쟁이가 빚 때문에 얼마나 힘들고 비참하게 살고 있는지 눈물로 호소한다고 쉽게 빚 탕감을 해준다면 어떤 빚쟁이가 자신이 빌린 돈의 가치를 알까? 그런 이치다. 그래서 그 이후로는 뒤통수를 맞았을 때 어떤 형태로든 책임을 지게 하려고 노력하고 있다.

실제로 성공 사례도 있다. 외국에 어학연수를 간 친한 동생이 같은 어학원을 다니던 오빠에게 성추행을 당했다고 나에게 조언을 구해왔다. 그 동생은 자신의 남자 친구를 소개해줄 정도로 인간적으로 가깝게 느끼던 오빠의 잘못 때문에 배신감과 좌절감을 겪고 있었다.

아니나 다를까, 동생을 성추행한 오빠는 구구절절한 긴 사과 문자를 동생에게 보냈다. 정말로 잘못했다는 둥, 자기가 왜 그랬는지 모르겠다는 둥, 사이가 나빠지지 않기 위해서라면 무엇이든 할 수 있다는 둥 헛소리를 길게 늘어놨다. 나는 그건 사과가 아니라고 단호하게 말하며 누가, 언제, 어디서, 무엇을, 어떻게 잘못했는지 구체적인 사과를 받으라고 조언했다. 문자로 보내면 그때그때 캡처를 해두고 전화로 얘기하면 녹음을 하라고 했다. 그 오빠는 이런 단호한 대처가 나올 거라고 생각하지 못했는지 당황해서 요구한 대로 사과를 했다. 이 사과는 감정적 위안을 위해 받은 것이 아니었다. 법적 압박을 위한 것이었다.

여기서 기억해야 할 첫 번째는 다음과 같다. 피해에 대한 사과를 받으려면 채무자의 채권처럼 든든한 압박 수단이 있어야 한다는 것이다. 성폭력 피해뿐만 아니라 임금을 안 주거나, 문제의 책임을 떠넘기거나, 약속을 지키지 않을 때 화가 먼저 나겠지만, 최대한 냉정함을 되찾고 피해 사실을 입증할 증거를 찾아 압박 수단으로 삼아야 한다.

이후에 난 동생에게 어떻게 상황이 풀리길 바라냐고 물었다. 동생은 그 오빠랑 다시는 마주치지 않길 바란다고 했다. 그럼 그렇게 만들라고 했다. 다만, 어학원을 나가는 것은 반드시 동생이 아니라 상대방이어야 한다고 했다.

이를 위해 학원을 비롯한 주변 사람들을 그 사람보다 먼저 네 편으로 만들어야 한다고 얘기했다. 여론을 자기편으로 만드는 것이다. 상대방이 거짓 얘기로 자기변호를 하기 전에 움직여야 한다. 상대방이 말을 잘하고 신뢰를 잘 얻는 사람이라면 늦게 움직일수록 불리할 수 있다.

그 동생은 정말 신속하게 행동했다. 남자 친구에게도 얘기해 응원과 도움을 얻었으며, 주변 사람들과 학원 관계자까지 그 사람이 한 일을 다 알게 됐다. 당연히 학원에서 나간 사람은 그 사람이었다.

이렇게 사과는 빚을 독촉하는 것처럼 냉정하고 단호하게 받아야 한다. 동생이 처음 내게 연락했을 때는 성추행을 당하고 어쩔 줄 몰라 두려워하는 피해자였다면, 나중엔 어떤 방법으로 책임을 지게 할까 선택지를 놓고 저울질을 하는 갑이 됐다.

제대로 된 사과를 받는 건 힘든 일이다. 그 동생의 사례처럼 잘 끝나리라는 법도 없다. 그래도 뒤통수를 맞은 사실이 내 몸과 마음을 좀먹는다면, 제대로 된 보상을 받든 못 받든 자신을 위해 나서는 것이 옳다. 나서지 않으면 그저 피해자로만 남을 수밖에 없기 때문이다. 그리고 힘든 시기에 내가 자신을 위해 직접 나설 수 있는지 확인하는 것도 남은 삶을 위해 중요하다. 거기에서 자기 신뢰를 얻기 때문이다. 혹여 후안무치한 사람에게 제대로 된 사과와 보상을 받지 못할지라도 내가 내 편이라는 것을 확인할 필요가 있다.

1 on 1 "돈 없고 빽 없으면 평생 흙수저 아닌가요?"

Q. 사실 미내플 님이 '만만하게 보이지 않는 법'을 알려주셨지만, 모든 문제는 결국 돈 있고 '빽' 있으면 다 해결되는 것 아닌가요? 아무리 능력 있고 열심히 살아도 배경 없으면 그냥 평생 흙수저로 살아야 하는 게 한국 사회예요. 힘없는 을의 삶을 사는 사람으로서 모든 얘기가 허무하게 다가옵니다.

A. '돈 있고 빽 있으면 다 된다'는 말 앞에서 저는 복잡한 감정이 듭니다. 솔직히 저는 집에서 공과금을 못내 전기가 끊겼을 때도 부모님이 허리띠 졸라매가며 대학 공부까지 시켜주셨기 때문에 정말로 빽이 없는 사람의 입장을 감히 이해할 수는 없다고 생각해요. 제 부모님은 진짜 가난할 때도 저의 빽이 돼주셨고 항상 있어야 할 자리에 있어주셨어요. 그 덕분에 저는 부모님보다는 비교적 선택지가 많은 삶을 살아왔다고 생각해요. 부모님이 주신 자신감도 분명 크게 있고요.

하지만 그게 전부는 아니었어요. 부모님이 아무리 애써주셔도 우리 집이 가난하다는 것은 바뀌지 않는 사실이었고, 저도 너무 잘 알고 있었어요. 그래서 대학 생활 내내 학기 중이든 방학 중이든 아르바이트를 했고, 첫 직장도 비정규직이었지만 '이게 어디냐'며 감지덕지 받아들였죠. 저도 너무나도 평범한 흙수저였어요.

사실 방송국에서 일을 시작하고 나서는 부의 격차를 학교 다닐 때보다 훨씬 크게 느꼈어요. 언론계에는 고학력자들이 많고, 고학력자들은 집이 부유한 경우가 많거든요. 실수투성이라 만만하게 보던 신입 기자가 알고 보니 '어디 어디 병원 외동딸이더라' 같은 얘기를 수시로 듣게 되지요. 게다가 방송국에는 예쁜 사람도 얼마나 많은데요. 정말 비교하려고 마음먹었으면 끝이 없었을 거예요.

저는 운 좋게도 첫 직장에서 배움에 집중할 수 있도록 이끌어주신 훌륭한 상사를 만났어요. 제가 처음에 주로 배운 일은 뉴스 제목을 다는 일이었는데요. 일을 시작하고 거의 6개월 가까이 과제를 내주고 첨삭 지도까지 해주셨어요.

저는 말단 사원이고 그분은 차장 직급을 달고 있는 분이었어요. 사회생활을 한참 하고 나서야 그분이 직원을, 그것도 비정규직을 교육하는 데 말도 안 되는 열정을 보여주셨다는 것을 깨달았어요.

하지만 한편으로는 제가 상사였더라도 저는 잘 가르쳐주고 싶은 학생이었을 거라 생각하기도 해요. 저는 일 자체를 배우는 데 관심이 매우 많았고, 토익과 같은 기초적인 스펙도 없는 나에게 업무 능력 자체가 경쟁력이 되리라는 것을 분명히 알고 있었어요. 그리고 능력 있는 상사와 유대감을 쌓아두면 나에게 훗날 도움이 되리라는 것도 분명히 알고 있었지요.

전 첫 직장뿐만 아니라 아르바이트를 할 때도 항상 관리자나 오너와 관계를 잘 유지했어요. 반드시 그들에게 배울 점을 찾았고, 배우면서 신뢰를 쌓는 게 저의 처세술이었거든요. 물론 그때는 처세술이라 생각하지는 않았지만요. 나중에 첫 직장의 상사는 비정규직이었던 저를 대형 언론사 정규직 편집 기자로 추천해주셨어요. 거기에 입사하고 보니 직장 동료들이 모두 저보다 학벌과 스펙이 한참이나 좋은 사람들이었어요. 공채로는 아마 뚫기 힘들었을 자리였겠죠.

삶을 카드 게임이라고 가정해봐요. '돈 있고 빽 있으면 다 된다'는 말은 '좋은 패를 가져야만 게임에 참가할 수 있어'라고 말하는 것과 같다고 생각해요. 하지만 실제로 카드 게임은 그렇지 않잖아요. 패가 계속 도는 게 카드 게임 아닌가요?

물론 삶 자체가 공정하지 않은 게임 같긴 해요. 들고 있는 패의 개수도 다르고 가지고 있는 판돈도 다르니까요. 패가 많은 사람은 인생의 난관을 훨씬 쉽고 재밌게 건너뛸 수 있을 거예요. 불공평하죠.

그래도 패는 돌고 도는 거예요. 내 패가 최악이라고 애초에 게임을 포기하거나 카드를 숨기고만 있지 않다면 말이죠. 패가 나쁘다고 좌절에 빠지기보다는 유용한 패를 얻기 위해 할 수 있는 묘수는 다 던져보는 게 어떨까요? 타고 나길 흙수저라고 인생의 난관을 뛰어넘을 의지를 갖지 않으면 돈과 빽을 얻는 방법을 평생 알 수 없을 거예요.

제가 패를 얻는 방법은 언제나 배움에 집중하고 타인에게 신뢰를 얻는 것이었어요. 애초에 금수저의 플레이엔 관심을 두지도 않았어요. 가질 수 없는 스킬이니까요. 그리고 학벌이 좋은데도 일을 못하는 사람들을 많이 만나면서, 내가 공부 머리는 특출하지 않았지만 일머리는 웬만한 학벌 좋은 사람보다 뛰어날 수 있다는 자신감이 생기더라고요. 그렇게 내가 패를 얻을 방법과 견제 대상의 약점까지 샅샅이 파악하세요.

공정하지 않은 게임이라고 내 인생을 포기할 순 없잖아요. 그러니까 즐기지 않을 이유도 없어요. 패가 어떻게 돌아가는지 살펴보고, 내 편도 만들고 울고 웃으면서 레벨업도 하세요. 이건 내 삶이고 내 게임이니까요.

패가 나쁘니까 게임에 참여하지 않고 지켜만 보겠다고 마음먹어도 어차피 우리가 죽기 전까지 패는 돌고 돌아요. 원하든 원하지 않든 기회는 다가오죠. 돈과 빽이 있든 없든 내 차례에 어떤 태도를 보일 것인가는 우리 스스로 결정할 수 있어요.

우리는 죽는다는 사실을 알고도 살아가잖아요. 그러니까 돈 없고 빽 없어도 우리가 가진 패를 당당하게 던지며 열심히 살아보는 건 어떨까요?

2장

옳고 그름보다
좋고 싫음이
먼저

열정
좀 없으면
어때

20대 초반을 추억하면 퀴퀴한 고시원 냄새가 가장 먼저 떠오른다. 고시원의 문을 열고 들어가면 좁은 방 안에는 잔뜩 쌓인 쓰레기 더미와 쓰레기 더미에서 나온 날파리로 가득했다. 아르바이트를 마치고 자정 즈음에 방으로 돌아오면 손바닥만 한 구형 텔레비전을 켰다. 〈섹스 앤드 더 시티〉 따위의 미국 드라마가 끊임없이 나오는 채널을 틀어놓고 침대 위에서 멍청하게 앉아있으면 날파리 떼 소리가 점점 크게 들려왔다.

고시원 안에서의 끔찍한 생활과는 달리 내 사회생활은 별문제가 없었다. 대학교 수업도 아르바이트도 성실하게 나갔다. 사람들을 만날 때의 나는 그저 밝고 열심히 사는 평범한 여자애였다.

나 자신조차도 바깥에서는 나를 아무 문제가 없는 사람으로 여겼다.

지금 생각하면 아찔하다. 낮과 밤의 괴리를 견디며 자신을 얼마나 속였는지 알기 때문이다. 당시 나는 바깥에서 더 밝게 웃고 성실하게 지내면서 그 모습을 '진정한 나'로 여기고 싶었던 것은 아닐까? 고시원 안의 엉망진창인 삶은 '내'가 아니라고 여겼다. 하지만 실상 혼자 있을 때의 나는 세상에서 가장 한심한 사람이었다. 밥 한 끼 못 챙겨 먹어서 항상 배달 음식을 시켜 먹었다. 음식을 먹고 난 후에는 당장 그 배달 용기를 치울 의욕도 없어서 좁은 방 한쪽에 쌓아두곤 했다.

그랬다. 한때 난 그런 사람이었다. 게을렀고, 삶에 의지가 없었다. 사실 여전히 집안일을 잘 미루고 삶을 바라볼 때 남들보다 훨씬 냉소적인 부분이 있다. 하지만 지금은 움직인다. 유튜브 채널을 운영하고 콘텐츠를 만든다. 이렇게 책도 쓴다. 사람들을 만나며 적극적으로 소통한다.

난 지금의 삶에 무척 만족한다. 앞으로의 삶에 대한 기대감도 있다. 하지만 여기까지 날 움직이게 만든 건 꿈이나 열정이 아니었다. 극도의 무기력증과 불안을 품은 사람들에게 꿈이나 열정이라는 말이 어떤 좌절감을 안겨주는지 나는 너무나 잘 알고 있다. 그것을 위해 움직일 수 없는 자신을 냄새나는 어두운 방 안에서 얼마나 자책하고 있는지 알고 있다.

자, 꿈과 열정이 없다고 자책하는 것 말고 무기력한 당신이 해야 할 일은 따로 있다. 그러니까 이제 답 없는 자책일랑 관두고 창문을 열고 환기부터 시키시라. 그리고 가까운 데 가벼운 산책이라도 다녀오시라. 그리고 다음을 읽으시라.

• • •

당신의 진짜 꿈은 무엇입니까?

우리가 가진 꿈 중에서 진짜 '나의 꿈'은 얼마나 될까? 부모님과 미디어가 심어준 꿈이 아닌 나의 꿈을 아는 것이 쉬운 일일까? 나는 매우 어렵다고 생각한다. 그래서 꿈이 없다고 고백하는 사람들이 솔직하다고 생각한다. 적어도 내 것이 아닌 꿈을 내 것이 아니라고 인정하고 있지 않은가?

자신의 진짜 감정을 느끼고 마음을 따라 굳센 의지를 갖는 일이 쉬운 일일까? 역시 어렵다고 생각한다. 우리 대부분은 어린 나이부터 자기 자신의 성공이 무엇인지 정의하는 과정은 생략한 채 남들이 만들어놓은 성공의 이미지를 먼저 받아들인다. 그리고 그 이미지를 나도 원한다고 스스로 믿는다. 높은 연봉, 아름답고 건강한 외모, 명품 따위를 좇으며 열정을 불태운다.

사실 성공의 이미지를 좇을 때 쓰이는 의지와 열정은 실패와 소외에 대한 불안을 동력으로 삼는 경우가 많다. 그 동력은 성공의 조건을 충족시킬 때만 유지된다. 그 과정에서 발생하는 성장이나 내실은 관심 대상이 아니기 때문이다. 하지만 사회에서 성공의 조건은 매우 경쟁이 치열하다. 소수의 몇 명을 제외하고는 모두 실패할 수밖에 없는 구조다.

그러니까 내 것이 아닌 꿈을 내 것처럼 꾸고 그 꿈을 불안해하며 좇아야 하는 요즘과 같은 시대에 무기력증은 어쩌면 당연한 현상이다. 나는 극심한 무기력증을 겪으며 방을 더럽히고 건강을 내버려뒀지만, 그 자체가 부끄럽지는 않다. 분명히 바깥 환경이 날 그렇게 만든 부분도 있기 때문이다. 무기력증은 게으름이 아니다. 증상이다. 의지를 쥐어짜서 채찍질로 극복할 종류의 것이 아니다. 그러니까 자신에게 열정이 없다는 자책은 그만하자.

• • •

꿈과 열정 말고 동력으로 삼아야 할 것

자, 그럼 꿈이나 목표가 없는 상황에서 열정 말고 동력으로 삼아야 할 것은 무엇일까? 나의 경우엔 '발견'과 '탐험'이었다. 그렇다고 해외여행이라도 가라는 말이 아니다. 우리는 자신을 모르고, 그것을 알려줄 사람도 없다. 그러니까 나를 탐험하며 알아가기로 마음을 먹는 것이다. 그것은 막연하게 미래와 자신을 걱정하는 것과는 다르다.

특히 타인이 날 어떻게 볼지 걱정하는 것과는 전혀 다른 일이다. '친구들이 날 좋아할지, 연인의 마음이 식지 않았을지, 직장 동료들이 날 어떻게 평가할지, 인스타그램 좋아요는 몇 개나 눌릴지' 걱정하는 것은 나를 아는 것과 상관이 없다.

타인의 시선을 의식하는 것은 나에 대한 타인의 생각과 평가에 관심을 갖는 일이다. 하지만 타인의 시선을 과하게 의식하는 사람들은 대부분 타인의 생각을 추측하는 데서 그친다. 진짜 타인이 나를 바라보며 갖고 있는 생각을 아는 것은 무섭기 때문이다.

자신에 대해 끊임없이 걱정만 하는 당신은 지쳤다. 걱정의 걱정을 거듭해도 당신은 당신을 모른다. '나는 루저일지도 모른다' '나는 할 줄 아는 게 하나도 없을지도 모른다' '저 사람이 날 싫어할지도 모른다'와 같은 나라는 사람에 대한 추측만 가득할 뿐이다.

추측은 앎이 아니다. 결국 무지와 불안에 포박당해 아무것도 할 수 없는 상태에 이른다. 걱정을 쉴 수 없으니 15시간 이상 잠을 자도 항상 피곤하다. 너무 오래 쉬고 있다면 그건 쉬고 있는 것이 아닐 수 있다.

무기력한가? 그럼 이제는 정말로 자신에게 관심을 둬야 한다.

미디어와 타인에게 관심을 덜 빼앗기고 자신에게 충분한 관심을 쏟아야 한다. 내 욕구와 타인의 욕구를 구분하기 위해 노력해야 한다.

자신에게 충분한 관심을 쏟을 수 있을 때 비로소 타인의 눈치를 보는 게 아니라 타인을 알게 된다. 또, 문제를 걱정하기만 하는 게 아니라 문제를 돌파할 힘과 능력이 생긴다. 나를 알고 타인을 알면 문제 해결을 위한 진짜 '전략'을 스스로 세울 수 있기 때문이다. 꼭 옳은 전략은 아닐 수도 있다. 하지만 세상을 향해 능동적으로 대응할 힘이 생긴다는 것은 확신한다. 알면 움직일 수 있다.

지금부터 무기력증을 벗어나 자신에게 충분한 관심을 쏟고 입체적으로 자신을 발견하는 방법을 알려주겠다. 이 탐험에는 열정보다는 냉정함이 더 필요하다. 준비됐는가?

게으른 게
아니라
무기력증이다

미내플 유튜브 채널을 만들고 처음으로 1만 조회 수가 넘었던 영상은 '우습게 보다가 다친다! 무기력증 적신호 증상 네 가지'라는 콘텐츠였다. 이 영상은 열여덟 살 이후부터 간헐적으로 반복됐던 나의 무기력증에 맞서고자 만든 것이었다. 심지어 그 영상을 만들었을 때도 약 일주일간 무기력증에 시달리며 폭식을 하고 넷플릭스로 미국 드라마 〈워킹데드〉 일곱 시즌을 다 본 후였다.

과거에는 6개월 넘게 꼬박 무기력증에 시달리며 사람들과의 만남을 피한 채 은둔형 외톨이로 지낸 적도 있었다. 하지만 그 영상을 만들었을 때는 일주일 만에 무기력증에서 벗어날 수 있었다. 그렇게 빨리 벗어날 수 있었던 이유를 생각해보면 무기력증의 초기 증상을 빨리 자각했고, 무기력증이 온 계기를 빨리 파악했기 때문이었다.

특히 그때 처음으로 깨달은 무기력증 증상이 있다. 잠을 많이 자게 되는 것이다. 평소엔 알람을 안 맞추고 자도 여덟 시간 후면 누가 깨우지 않아도 저절로 눈이 떠졌다. 그런데 그땐 피곤한 일도 없었는데, 열다섯 시간 가까이 내리 잠만 자고 일어났다. 그런데도 꿀잠을 잔 느낌이 아니라 사우나에서 한참 있다 나온 것처럼 기진맥진하고 힘이 없었다.

이미 알고 있던 무기력증 증상은 청결 감각이 둔해진다는 것이다. 기본적인 세안과 양치도 귀찮아서 미루다가 하루 한 번, 이틀에 한 번 할까 말까. 자신도 씻지 않으니 청소는 더 귀찮은 일이 된다. 당연히 요리도 안 하게 되니까 이틀 정도 배달 음식에 의지하며 청소를 미루기 일쑤다. 그러면 공간은 걷잡을 수 없이 금방 쓰레기로 가득차게 된다.

사람은 생각보다 많은 쓰레기를 만들어낸다. 집에만 있어도 빨랫감이 놀랍도록 빨리 쌓인다. 옷은 부피가 크기 때문에 빨랫감이 쌓이면 시각적으로 압도된다. 사방이 쓰레기로 뒤덮여 발 디딜 곳을 찾기 어렵게 되면, '난 너무 게으르다'며 죄책감을 느끼기 딱 좋다. 바로 그때 무기력증의 굴레에 갇히게 된다.

게으른 나를 탓하지 않기로 했다

여러 번 무기력증을 겪으며 나는 게으름이 불안증을 겪을 때 나
타나는 증상이라는 것을 깨달았다. 그 덕분에 서른 살 이후에는
무기력증이 와도 의지박약이라든가 게으름을 탓한 적이 없다. 게
다가 유튜브 채널을 운영하다가 무기력증이 왔을 때엔 계기도
뚜렷했다. 조회 수 700회를 넘기며 처음으로 입소문을 탄 영상이
있었는데, 거기에 악플이 잔뜩 달리면서 심리적으로 위축됐기 때
문이었다. 조회 수 1,000회를 넘는 영상 하나만 바라면서 영상을
만들던 시기에 드디어 근접한 영상이 나왔는데, 악플 밭이 되자
두려움에 온몸이 '셧다운'돼버린 것이다. 그날 저녁에는 잠을 열
다섯 시간 내리 잤다.

예전의 나였다면 이때 게으름을 부리는 스스로를 한심하게 생
각하며 탓했을 것이다. 누워서 아무 일도 안 하고 있지만 제대로
쉬는 것도 아닌 그런 상태를 유지하며 마음만 불편했을 것이다.

하지만 나는 나의 게으름이 무기력증의 증상임을 알았기에 스
스로를 탓하지 않기로 했다. 오히려 3일 정도 완벽하게 나를 놓
고 스스로에게 '휴식'을 허락했다. 온종일 텔레비전을 연이어 보
고 배달 음식으로 연명해도 게으름이 아니라 휴식이라고 생각했
다. 지친 나를 보살피는 행위였다.

그 이후엔 가족과 믿을 만한 친구에게 도움을 요청했다. "나 무기력증이야"라고 얘기한 것은 아니었다. 다만 "나랑 만나줄 래?" "너희 집에 놀러 가도 돼?"라고 물어보고 함께 시간을 보냈 다. 그리고 다른 사람과 함께 밥을 먹으며 나의 불안한 상황에 관 한 대화를 나누었다. 동생이 같은 일을 하는 선배라서 여러 방면 에서 상황 점검을 도와주었고, 내 얘기를 사려 깊게 잘 들어주는 친구와 대화하면서 상황을 객관적으로 정리할 수 있었다.

믿을 수 있는 타인과 먹는 밥 한 끼의 위력은 대단하다. 괜히 식구(食口)라는 말이 있는 것이 아니다. 식사 시간은 내 편을 확 인하면서 심리적인 안정감을 회복하는 시간이 돼준다.

• • •
불안에 대처하는 몇 가지 방법

마지막으로 불안에 대응하는 행동을 취해야 한다. 이게 가장 어 렵다. 나는 스물한 살 때 휴학 후 공무원 시험을 준비하며 처음으 로 무기력증에 걸렸다. 그때는 공부하는 게 너무 싫었는데도 수 험 생활을 관두겠다고 부모님께 말할 용기가 없었다. 결국 이러 지도 저러지도 못하다가 약 6개월 이상의 긴 시간을 영상 중독에 걸린 채로 보냈다. 그러다 휴학 기간이 끝나서 학교로 복학하며 무기력증에서 벗어날 수 있었다. 그때 난 무기력증에 대해 아무런 대응을 하지 못하고 물리적 상황에 문제 해결을 맡겨서 긴 시간을 힘들게 보냈다.

하지만 이번엔 그때처럼 강제적으로 무기력증에서 벗어날 수도 없는 상황이었다. 일로 인한 불안 때문에 무기력증이 왔으니 일로 풀어야 했다. 그래서 무기력증을 주제로 다음 영상을 만들어 두려움에 정면 대응했다.

미내플의 무기력증 적신호 증상 네 가지

1. 수면 시간이 급격히 늘어난다.

2. 청결에 매우 둔감해진다.

3. 멈출 수 없는 영상물 중독에 빠진다.

4. 잠수를 타거나 일을 미루는 등 책임 회피를 한다.

미내플의 빠른 무기력증 회복법 네 가지

1. 무기력증 초기 증상을 인지한다.

2. 음식을 잘 챙겨 먹고 가볍게 산책과 운동을 한다.

3. 가족, 친구, 연인 등 주변의 보살핌을 받는다.

4. 근본 원인을 직시한다.

결국 '우습게 보다가 다친다! 무기력증 적신호 증상 네 가지' 콘텐츠는 조회 수 1,000회가 넘은 첫 영상이 되었고, 구독자도 100명대로 늘려줬다. 그리고 무엇보다 크리에이터로서 자신감을 갖게 해주었다.

무기력증을 게으름으로 치부하면 자책에 짓눌려 악순환만 반복될 뿐이다. 무기력증은 의지로 회복하는 것이 아니다. 남들이 게으르다고 해도 내가 먼저 나서서 쉼을 허락하자. 증상을 자각하고 스스로 돌보기 시작하면 몸은 빠르게 반응한다. 회복하는 몸을 보면 생각보다 자신감도 금방 얻게 된다. 그만큼 확실한 자신감도 없다.

나를 책임질 사람은
나밖에 없다

막내 이모는 어디에 있든 주변을 살피고 보살피는 사람이었다. 언제나 삶의 주도권을 확실히 쥐고, 제일 나은 방법을 찾아 움직인다. 집안일, 회사 일, 연애까지 이모는 못하는 것이 없었다. 항상 질서를 만들어내는 사람이라 나 역시 이모 곁에서 큰 안정감을 느꼈다.

내가 한창 무기력증에 빠져있을 때 이모가 직장을 구하겠다며 갑자기 서울로 올라왔다. 이모와 함께 살았던 3년간, 그리고 그 이후에도 이모는 날 정말 많이 도와줬다. 이모와 동생과 함께 살다 보니 나의 무기력한 과거는 차차 잊혀갔다. 그녀의 지휘 아래에선 나도 집안일을 적극적으로 했고, 나보다 더 먼저 내 문제를 발견하고 해결해주곤 했기에 무언가 방치되고 악화되는 일도 없었다. 무기력증에 시달리던 일은 어느덧 과거가 돼 잊혀졌다. 나는 아무런 문제가 없는 사람이었다.

그렇게 든든한 이모였지만 평생 함께 살 수 없는 노릇이었다. 그녀는 서른 살에 결혼했고 자신만의 가족이 생겼다. 나는 스물여섯 살에 새삼 홀로서기를 시작해야 했다. 솔직히 처음에는 홀가분하고 설렜다. 동생이랑 단둘이 살기 시작하니 집안일을 예전처럼 빡빡하게 할 필요가 없었고, 밤새 놀다가 집에 늦게 들어와도 꾸짖는 사람이 없었다.

하지만 이모가 세운 집의 질서가 무너지기 시작하면서 내가 가진 문제들이 서서히 다시 고개를 들기 시작했다. 집 안이 조금씩 어지러워지기 시작했고, 배달 음식을 먹는 일이 잦아졌다. 그때는 단순히 회사 일이 피곤한 탓으로 여겼다.

무엇보다 이모가 떠나면서 나는 일과 주변 사람들에 대한 의존도가 높아졌다. 이모와 함께 지낼 때는 동생과 셋이서 밥을 먹거나 여가를 함께 보내곤 했는데, 그녀가 떠난 이후로는 집에서 보내는 시간이 현저히 줄어들었다. 연차가 쌓이면서 일이 늘어나기도 했고, 여가를 보낼 때도 당시 사귀던 남자 친구나 주변 지인들과 시간을 보내는 데 열중했다. 다시 집보다 바깥 생활에 중심을 두기 시작한 것이다.

집 안의 나와 집 밖의 나

집에서 날 부르는 사람이 없으니 일에서나 관계에서나 '오케이'를 외치는 게 더 쉬워졌다. 야근도 오케이, 먼 약속 장소도 오케이, 장거리 연애도 오케이, 모두 오케이였다. 일과 관계에서 기대에 부응하고 인정받는 것이 즐거웠다. 사람들이 날 많이 찾아서 뿌듯했다.

그런 생활이 계속되자 나는 녹초가 돼서 집으로 돌아오기 일쑤였고, 집안일을 위한 체력은 하나도 남아있지 않았다. 쌓인 빨랫감과 발에 밟히는 게 많은 더러운 방 안을 둘러보며, '지금은 일에 집중할 시기니까' '사람들과 만나는 게 즐거우니까'라고 생각하며 무신경하게 침대 위에 누워 대충 잠을 청하곤 했다.

이모와 함께 살던 집을 떠나 이사하면서 문제는 좀 더 심각해졌다. 동생과 단둘이 살기엔 괜찮은 집인 것 같아서 월세도 아낄 겸 원래 살던 집보다 조금 작은 집으로 옮겼다. 그런데 이모와 셋이서 살던 살림을 다 가져오니 짐이 너무 많아 집 안이 도저히 정돈되지 않았다. 게다가 밤샘 근무가 있는 회사로 옮기면서 건강이 급속도로 나빠졌다. 이직 2개월 만에 별 이유 없이 몸무게가 4킬로그램이나 빠졌다.

하지만 월세 지출도 줄고, 큰 언론사의 정규직이 된 데다, 살이 빠지고 근사한 새 남자 친구까지 생겨서 '지금이 내 삶의 황금기가 아닐까?'라고 생각했다. 지저분한 집 안 사정 따윈 신경 쓰지 않았다. 난 대형 언론사에 다니고 멋진 남자 친구가 있는 날씬한 여자였으니까. 지금 생각하면 참 바보 같았다. 집이 쓰레기장이 되고 있는 것도, 건강이 상하고 있는 것도 몰랐으니 말이다.

결국 이모와 따로 산 지 2년 만에 사생활의 모든 질서가 무너졌다. 무기력증을 완벽하게 극복했다고 생각했던 것은 완벽한 착각이었다. 이모에게 의존하면서 잠시 상황이 나아졌던 것뿐이었다. 계속 의존할 사람이 있다면 모를까, 혼자 서있는 법을 깨닫기 전까지는 난 언제든 쓰레기가 가득한 방으로 돌아갈 수 있었다. 스스로 바뀐 적이 없기 때문에 그 방으로 돌아갈 수밖에 없었던 것이다.

• • •

나의 완벽한 파트너 찾기

내 의존의 최후 보루는 남자 친구였다. 그동안 연애를 하면서 믿음직한 남자를 만난 적이 단 한 번도 없었음에도, 나는 항상 남자를 믿으며 왕자님과 유리 구두가 존재할 것이라고 믿었다. 어린 시절 여기저기 옮겨 다니며 항상 독립적으로 살아야 했던 것을 생각하면 묘한 일이었다. 항상 내 마음을 얹을 곳이 간절했다.

직장을 옮긴 후 만난 남자 친구는 그토록 기다리던 '왕자님'이었다. 첫 번째 남자 친구와 헤어지고 많은 남자와의 숱한 데이트 끝에 만난 그는 취향부터 가치관까지 나와 꼭 맞는 남자였다. 그건 나만의 생각도 아니었다. 이 연애는 그의 열렬한 구애로 시작했다. 데이트가 끝나고 헤어지는 것을 더 아쉬워한 사람은 그였다. 나를 바라보며 "거울 같다"고 말했던 것도 그였다. 처음으로 '헤어질 일이 없는 사람'을 만났다고 생각했다.

하지만 완벽할 것 같았던 그와의 연애도 2개월 조금 넘게 만나고 끝나버렸다. 이번에야말로 천생연분을 만났다고 생각했기에 이별의 충격도 컸다. 이 연애는 오랫동안 내 마음속에 체한 것처럼 걸려있었다. 짧았던 그와의 관계를 복기하며 내가 모자란 것이 무엇일까 끈질기게 생각했다. 우선 그가 이별을 말했을 때 '나에게 질렸나?'라는 생각이 가장 먼저 들었기 때문에 거기서부터 시작하기로 했다.

난 사랑에 빠질 때 순식간에 빠져 마음을 금방 내준다. 그것이 연애에서 계산하지 않는 태도라고 생각하고 옳다고만 여겼다. 하지만 완벽하게 사랑에 빠져 상대방에게 모든 것을 맞출 준비를 하자 그는 주춤하고 물러서기 시작했다. 그가 원하는 데이트 장소로 가고, 그가 먹고 싶은 것을 먹자고 하고, 그가 하고 싶다는 것을 다 용인하려고 했건만 결국 멀어진 것이다.

그땐 '아, 이 남자도 결국 계산적이고 여우처럼 행동해야 좋아하는 사람인가?'라는 생각에 화가 나기도 했다. 하지만 밀고 당기기를 하지 않는 게 진실한 태도라고 여기며 '진심'을 다한 대가는 이별이었다. 의문이 들기 시작했다. '밀당'이 필요 없다는 내 연애관이 혹시 틀린 것은 아닐까?

• • •
의존을 끝내고 '나'라는 파트너와 새 출발하기

흔히 '밀당'을 잘한다는 주변의 연애 잘하는 사람들을 유심히 관찰하기 시작했다. 관계에 능숙한 그들은 모두 여우 같고 계산적인 사람일 뿐일까. 내가 틀렸을 가능성이 크다는 전제를 깔고 그들이 연인을 대하는 태도, 연락하는 방식 등을 찬찬히 살펴보았다. 그 결과, 놀라운 사실을 깨닫게 됐다.

밀고 당기기를 잘하는 그들은 '원하는 것'이 분명했다. 또한 자신이 원하는 것에 솔직하고 당당했다. 원하는 것을 내보이며 연인과 타협하고, 때로는 단호하게 행동했다.

그들의 밀고 당기기란 결국 그런 것이었다. 상대방이 내게 원하는 것을 내줄 수 있는지, 내가 상대방을 위해 내 것을 내줄 만한지 확인하는 과정이었다. 그들은 이 과정 없이는 아무리 호감이 강렬해도 마음을 쉽게 내주지 않았다.

내가 그들과 다른 점은 명백했다. 나는 원하는 것이 없었다. 정확히 표현하면 나는 내가 원하는 것을 몰랐다. 연인 관계뿐만 아니라 모든 관계에서도 마찬가지였다. 사소하게는 누군가를 만났을 때 무엇을 먹든 상관이 없었다. 음식점을 고를 때는 항상 상대방에게 선택권을 줬다.

연애에서는 정도가 심해졌다. 이해심이 큰 파트너가 되고 싶었기에 상대방이 어떤 모습을 보이든 받아들일 준비를 했다. 상대방의 연락 빈도가 뜸해도 '바빠서 그랬겠지!'라고 이유를 듣기도 전에 먼저 이해하는 식이었다. 남자 친구에게 쿨하고 이해심 많은 여자 친구로 보이고 싶었다.

하지만 이런 관계가 계속되자 남자 친구는 점점 '갑'처럼 행동하기 시작했다. 나의 외모를 평가했고, 그의 기준에서 나에게 모자란 부분을 지적했다. 내 앞에서 다른 여자의 얘기도 서슴없이 했다. 그런데도 난 계속 그를 이해하려고 했다. 그리고 나를 바꾸려고 했다. 이미 살이 많이 빠진 상태였는데도 무리해서 다이어트를 했고, 다른 여자의 얘기에도 쿨한 척했다.

연애하는 동안 내내 그에게 사정없이 휘둘렸지만, 화 한 번 안 내고 '참하고 착한 여자'라는 허울을 꿋꿋하게 지켰다. 나의 참된 마음을 몰라주는 그가 야속하다고 생각했다. 하지만 그는 내 마음을 알아줄 자질이 있는 '천생연분'이었다. 그래서 버텨보자고 마음먹었다.

그런 날들을 지속하던 어느 날, 그가 자신을 '나쁜 놈'이라고 칭하며 관계의 종말을 알렸다. 지고지순한 여자의 왕자님이 되는 것보다 차라리 지고지순한 여자를 울린 나쁜 놈이 되는 쪽을 택한 것이다.

'나'라는 존재가 없는 사람이 관계에 의존할 때 결말은 이렇게 비극적이다. 왕자님과 평생 행복하게 살고 싶었지만, 왕자님은 자신에게 의존하는 여자가 부담스러워 떠나버린다.

그가 떠난 후 나에게 더는 남자를 만나는 게 1순위가 아니게 됐다. 그제야 나는 깨달았다. 내가 누구인지, 내가 무엇을 원하는지 아는 게 우선돼야 그다음 건강한 관계를 맺을 수 있다는 것을. 그때 처음으로 '나'라는 사람을 평생 파트너로 받아들였다. 걸핏하면 집 안을 어지럽히고 겉과 속이 다르며 자기 착취적인 망나니 같은 이 여자와 어떻게든 잘 살아나갈 방법을 먼저 찾아보자고 마음먹었다.

가장 먼저 어지럽혀진 방을 치우고 스스로 질서를 만들어내기로 했다. 삶의 주도권을 쥐고 내 문제는 직접 해결해보기로 했다. 작정하고 자신을 감당해보기로 결심한 것이다.

'아무거나'
정말 괜찮니?

무엇을 원하는지 알아간다는 게 말이 쉽지, 매사 '오케이'를 외치던 나에겐 무척 어려운 일이었다. 타인에 대한 이해심은 그동안의 관계에서 독보적인 나의 무기였다. 그 덕분에 어려서 따돌림을 당하던 처지에서 벗어날 수 있었고 사회생활도 별 무리 없이 해낼 수 있었다. 그 무기를 유지하기 위해서는 무엇이든 '좋은 게 좋다'고 여겨야 했다. 그러다 보니 내가 무엇을 좋아하고 싫어하는지 느끼는 기능이 망가져있었다. 생각해보니 스무 살이 넘은 이후 한 번도 화를 낸 적이 없었다.

우선 관계에서 '갈등'이라는 요소를 자연스럽게 받아들이려 노력했다. 나는 갈등이 관계를 해치는 요소라고 생각했다. 중학교 때 날 괴롭히는 친구 두 명과 미친 듯이 싸운 적이 있다. 하지만 그 결과, 그 친구들뿐만 아니라 다른 학급 친구들도 1년 넘게 나에게 등을 돌렸다. 그 경험 때문에 갈등 상황에 대한 공포감이 무척 컸다. 나는 이해심을 키워 갈등 상황을 사전에 차단하는 방식으로 관계를 지키고자 노력하기 시작했다. 그러다 보니 아예 어떤 상황이 닥쳐도 화가 잘 나지 않는 수준까지 가버렸다.

하지만 한 번도 안 싸우고 이해심으로 보듬던 남자 친구에게 차이는 상황을 겪으면서, 정작 상대방이 바란 적이 없는 이해심은 관계를 보장해주지 않음을 깨달았다. 오히려 갈등은 꼭 직면해야 할 문제를 알려주는 요소이고, 긴 관계를 위해선 잘 다뤄야 하는 것이었다. 갈등을 어떻게 풀어나가느냐가 관계의 성숙도를 재는 척도였다. 나는 관계에 갈등이 필요하다는 사실을 인정하기로 했다.

· · ·

무엇이 좋고 싫은지 모를 때면

그럼에도 내가 무엇을 원하는지를 깨닫는 것은 여전히 어려웠다. 문제는 내가 다른 사람에게 인정받는 것을 무척 중요하게 생각하고 있다는 점이었다. 타인에게 인정받기 위해서 원하지 않는 것을 원한다고 속이고 정당화하는 게 심리적 메커니즘으로 이미 자리 잡고 있었다. 그래서 초점을 옮겨보기로 했다. 좋아하지도 싫어하지도 않는 것들로 말이다. 그동안 좋지 않지만 '나쁘지도 않다'고 생각하고 표현했던 것들을 과감하게 '싫어한다'는 가정 하에 파악하기 시작했다. '호불호'를 가리자고 다짐한 것이다.

예를 들어, 그동안은 친구들과 식사 약속을 정하는 상황에서 "난 아무거나 상관없어"라는 말을 많이 했다. 하지만 이제 이런 상황이 왔을 때 '정말 아무거나 상관없을까?'라는 질문을 스스로에게 던졌다. 사실 난 대부분의 경우 정말로 어떤 음식을 먹든지 상관없었다. 식사량은 많은 편이지만 대단한 미식가는 아니다. 그래서 어떤 음식을 먹을지는 미식을 하는 친구에게 맡기는 것을 좋아했다. 반면, 약속 장소를 어디로 정하느냐는 달랐다. 나는 이동 거리가 너무 먼 것은 싫었다. '아무거나 먹는 것'은 괜찮지만 '아무 데서나 먹는 것'은 싫었던 것이다.

그 이후로 친구들과 약속을 정할 때면, 음식 메뉴를 고를 땐 의견을 아끼고 어디서 만날지를 정할 땐 적극적으로 얘기했다. 그러다 보니 자주 만나는 친구들과 약속을 정할 때면 누가 언제 무엇을 양보했는지 알 수 있게 됐다. 다음 약속을 정할 때는 누가 어떤 식으로 양보할지 자연스럽게 균형을 맞추게 됐다. 결과적으로 친구 관계에서 '참는 상황'이 거의 없어졌다. 내가 원하는 것을 얻으면서도 관계는 생산적이었다.

또한 호불호를 파악하기 위해 평소 신체적 반응을 유심히 보기 시작했다. 나처럼 문제를 덮고 내버려두는 데 익숙한 사람은 감정 자체를 느끼는 일이 무디고 심리 구조가 복잡하다. 그럴 때 가장 믿을 만한 피드백을 주는 것이 신체다. 어떤 경험을 했을 때 혹은 누군가를 만나고 난 후 소화가 잘되는지, 피로가 강하게 밀려오지는 않는지 따위를 점검해보길 권한다. 특히 '불호'에 대한 신체 반응은 전반적으로 뚜렷한 편이다. 나의 경우에는 스트레스 상황에서 갑자기 잠이 쏟아진다거나 소화 불량과 장염을 앓기도 했다.

이런 과정을 반복하며 나의 '호불호 데이터'는 차곡차곡 쌓여갔다. 호불호를 잘 파악하려면 촉을 곤두세울 수밖에 없다. 그러니 무뎠던 감정도 점점 더 잘 느껴졌다. 내 입장이 뚜렷해지니 인간관계도 심플해졌다. 내가 마음을 쏟을 사람과 그렇지 않은 사람이 구분되기 시작했다.

'좋은 게 좋다'는 것은 회피의 처세술이다. 회피하며 사는 삶은 반쪽짜리 삶이었다. 내 삶을 제대로 살아내기 위해서는 직면의 처세술이 필요하다. 그것을 위해 집요하게 '호불호'를 팠고 선을 긋고 경계를 지으며 '진짜 나'는 어떤 사람인지 알아가기 시작했다.

개똥밭에 굴러도
내가 좋으면
그만

20대 중반부터 4년 넘게 해온 온라인 뉴스 편집 업무 자체는 꽤 즐겁게 한 일이었다. 일단 방송국이나 언론사로 출근한다는 것 자체가 꽤 근사한 기분을 내게 해준다. 출퇴근길 혹은 업무 중에 유명한 사람을 볼 수도 있다. 가족과 친구들에게 자랑할 수 있는 일이었다. "야, 내가 누구랑 엘리베이터 탄 줄 알아?" "그 연예인은 실물은 별로더라." 이런 말을 자랑삼아 할 수 있었다. 더 근사한 건 나중에는 유명인들이 대수롭지 않게 느껴진다는 것이다. "아 그 사람? 실제로 만나면 매너도 좋고 일도 철저해." 가끔은 무심코 이런 말을 해놓고는 시골에서 자란 내가 이런 말을 하다니 놀라워하곤 했다.

일도 적성에 꽤 맞았다. 가끔 제목으로 낚시한다며 '기레기'라는 욕을 먹곤 했지만, 어려운 내용의 뉴스를 사람들이 보기 편한 형태로 가공해서 전달하는 게 큰 보람이었다. 큰 사건이 터지면 긴박하게 돌아가는 편집실 상황도 좋았다. 타 언론사보다 빨리 뉴스를 처리해서 조회 수 경쟁에서 이기면 매우 짜릿했다.

게다가 정규직으로 입사했던 대형 언론사는 사회생활에서 제법 든든한 타이틀이었다. 회사 이름을 대면 사람들이 나를 다시 봤다. 특히 그 언론사는 사원 복지 제도가 꽤 괜찮았다. 출산 휴가를 눈치 보지 않고 1년이나 꼬박 쓸 수 있다는 게 얼마나 호사스런 일인지 직장 생활을 해본 사람이라면 알 것이다. 저금리 전세 대출도 가능했다.

· · ·
'싫음'을 인식한다는 것

하지만 '호불호'를 가리기 시작하면서 그 평화로운 직장 생활이 점점 견딜 수 없게 됐다. 일단 직장 동료의 싫은 행동에 대충 '하하 호호' 웃으며 비위를 맞추기가 어려워졌다. 예를 들어, 예전에는 직장 상사가 성차별적 발언을 해도 그냥 무시하고 대충 넘길 수 있었다. 그런데 호불호를 가리기 시작하면서부터 불쾌한 감정이 생생하게 느껴져 나도 모르게 정색하는 표정을 지었다. 사소하게는 동료의 농담이 재미없어도 대충 분위기를 맞춰주는 게 잘 되지 않았다.

직장 생활에서는 감정이 그대로 드러나는 것은 곤란한 일이다. 결국 성차별적 발언을 하는 상사를 피해 다녔고, 재미없는 농담을 하던 동료는 날 싫어하게 됐다. 그 동료는 내가 자신을 무시한다고 생각했던 것 같다. 그러자 점차 나를 아예 없는 사람 취급했다.

나중엔 나도 모르게 내 감정이 들키는 게 싫어서 동료들과 대화를 나눠야 하는 식사 시간을 피했다. 점심시간에는 일을 못 끝냈다거나 은행 방문을 핑계 삼고, 저녁엔 다이어트를 핑계 삼아 같이 나가는 일을 피했다. 그러자 나중엔 동료들이 내가 함께 시간을 보내는 것을 피한다는 사실을 알고는 딱히 함께 밥을 먹자고 제안하지 않았다. 그렇게 직장에서 투명인간이 됐다.

직장 내 인간관계와 별개로, 항상 바쁘고 사생활이 없는 업무에도 권태를 느끼기 시작했다. 뉴스 업계에서 일하면 달력의 빨간 날에 남들처럼 쉴 수 없다. 지금까지는 남들이 일할 때 쉴 수 있으니까 괜찮다고 생각했는데, 사실은 그렇지 않았다. 쉴 때도 완벽하게 쉴 수 없었다. 내가 당직이 아닐 때도 잠을 자다가 습관처럼 속보 알림을 확인했다. 상사가 호출하면 꼼짝없이 노트북으로 재택근무를 하면서 속보 처리를 해야 할 때도 잦았다.

웬만한 끔찍한 일이 일어나도 눈 하나 깜박하지 않고 냉정하게 대처해야 하는 상황도 점점 견디기 힘들어졌다. 사실 이건 내가 잘하던 일인데, 점점 못하게 된 거라 당황스러웠다. 흉악무도한 살인 사건, 대형 참사 사건 등이 일어나면 속보 이후 다양한 후속 보도가 나온다. 그때 대중들이 관심 가질 만한 포인트를 살살이 꼽아 그중 무엇을 헤드라인으로 걸까 고민하고 선택하는 게 뉴스 편집자의 주요 업무다.

나는 원래 업무를 할 때 감정을 개입하지 않는 성향이어서 냉정하게 일을 처리하는 게 어렵지 않았다. 하지만 호불호를 가리기 시작하면서 끔찍한 사건을 보면 슬픔, 분노, 혐오 등의 감정이 고스란히 느껴졌다. 매일 그런 뉴스를 처리해야 하는 것이 곤욕스럽게 느껴지기 시작했다.

무엇보다 이 언론사에서 겪은 내 신체 반응이 최악이었다. 혹독한 밤샘 업무를 1년 넘게 병행하고 나니 호르몬 체계가 엉망이 돼서 생리를 한 달에 두 번씩 하게 됐다. 면역력도 약해져서 한번 감기에 걸리면 한두 달은 지속됐다. 장염도 만성으로 앓았다. 길을 걷다가 방향 감각을 잃어 삐딱하게 걷고, 눈앞이 새까매져서 그 자리에 주저앉은 적도 있다. 눈 흰자위는 누레졌고 피부에는 좁쌀 여드름이 잔뜩 올라왔다.

가시밭길을 선택하는 최선

만약 내가 당시에 호불호를 가리고 있지 않았다면 그냥 대충 직장 동료들과 잘 지냈을 것이다. 일도 대충 잘 소화했을 테고, 건강이 나빠졌다고 퇴사까지 고려하지는 않았을 것이다. 그냥 밤샘 업무를 줄이기 위해 상사와 얘기하거나 병원에 다니고 운동을 시작하는 정도로 상황을 개선하려고 했을 것이다.

하지만 호불호를 가리다 보니 이건 단순히 밤샘 업무로 인한 건강 악화의 문제가 아니라는 것을 알 수 있었다. 근본적인 문제는 사생활을 양보하고 직장 동료에게 마음을 열고 다가갈 만큼 내가 이 직무에 뜻이 없다는 것이었다. 이건 내가 앞으로 뉴스 업계에서 내 직무를 계속해나갈 수 있는가에 대한 문제였다. 4년 조금 넘는 시간 동안 쌓은 경력을 접을 것인가, 말 것인가를 고민했다.

결국 난 내가 다녔던 직장 중 가장 번듯한 회사였던 언론사를 그만뒀다. 그다음 직장으로 애플리케이션을 만드는 스타트업에 다니다가 관두고, 부모님의 사과를 팔다가도 관두고, 문화 행사 기획을 하다가도 관두고, 지금의 유튜브 채널을 시작했다. 언론사를 그만둔 이후로는 금전적인 안정감을 느낀 적이 단 한 번도 없었다.

하지만 언론사를 그만둔 것을 후회하지 않았다. 호불호를 가리기 시작하면서 계속 나에게 최선의 선택이 무엇인지 찾았다. 언론사를 그만두고 겪은 일들은 나에게 꼭 필요했던 시행착오였다. 언론사를 그만둔 직후에는 엄격한 조직 문화와 맞지 않은 게 아닐까 해서 스타트업을 선택했다가, 사실은 콘텐츠를 만드는 일을 하고 싶다는 것을 깨닫고 또 그만두었다. 하지만 막상 무언가를 만드는 일을 시작하는 게 두려워 부모님을 도와 사과를 파는 일에 기웃거리다 다시 그만두었다. 혼자는 무서우니 다른 사람들과 함께 콘텐츠 만드는 일을 해볼까 해서 문화 행사 기획 쪽 일도 했다가, 결국 나는 홀로 콘텐츠를 만드는 게 적성에 맞다는 것을 깨닫고 시작한 게 유튜브였다.

유튜브 채널을 통해 내 얘기를 시작하고, 구독자들과 소통하며 고민 상담을 하면서부터 드디어 나에게 맞는 최선을 찾았다는 것을 알게 됐다. 이 일을 하면서도 중간중간 힘든 순간이 꽤 많았지만, 그만두고 싶다는 생각은 전혀 들지 않았다. 한 번도 내 감정이 '불호'로 기운 적이 없었다. 호불호를 가리며 갈고닦은 내 촉, 직관은 이제야 내가 오래도록 가야 할 길로 들어섰다고 알려 줬다.

성취와 성공을 위한 선택만이 꼭 옳은 선택이 아니다. 그만둬야 하는 일을 빨리 그만두는 것도, 힘들지만 혹독한 교훈이 있는 것을 선택하는 것도 최선이다. 호불호를 가리기 전에는 난 두려움 때문에 안전한 차선만 선택했다. 호불호를 가리면서 진정으로 옳은 선택을 할 수 있게 된 것이다.

결국 호불호를 가린다는 것은 마음을 따르는 일이다. 마음을 따르면 생각한 것 이상을 경험할 수 있다. 난 지금 내가 생각한 것보다 훨씬 잘 풀렸다. 난 내가 여러 사람들에게 내 얘기를 하며 영감을 줄 수 있으리라 예상해본 적이 없다. 마음을 따랐기 때문에 내 기대 이상으로 잘 풀렸다고 생각한다. 호불호를 가리며 예리하게 갈고닦은 직관이 우리가 마땅히 해야 할 경험, 내가 예상한 것 이상의 교훈으로 이끌어준다고 믿는다.

내가 그렇게
착한 사람이 아니란 것을
인정하자

부모님은 한때 돼지를 키웠다. 보통은 돼지들을 큰 차에 실어 몇 십 마리 단위로 유통했지만, 가끔 한 마리씩 구매를 원하는 사람들이 있다. 그럴 땐 아버지와 삼촌이 직접 도축해서 팔기도 했다. 그래서 나는 아직도 죽어가는 돼지가 내는 소리, 따뜻한 피의 비린내, 커다란 고무 대야에 가득 차던 내장, 거기에 무섭게 들러붙어 알을 까던 파리 떼, 큰 칼에 발라진 커다란 뼈와 같은 장면을 생생하게 기억하고 있다. 그렇게 도축을 하고 난 저녁이면 손톱 끝에 검게 피가 낀 아버지의 손에는 몇십만 원의 현금이 들려있었고, 어머니는 팔고 남은 잡고기로 저녁에 불고기 따위를 해주셨다.

그때 나는 아버지의 지친 얼굴이 너무 안쓰러우면서도 샤워를 해도 가시지 않는 피비린내가 조금 역하게 느껴졌다. 그래서 아버지에게 다가가는 것을 꺼리는 자신을 자책하면서도, 돈 몇십만 원을 바라보며 안도하고, 그날 저녁은 고기반찬을 먹을 생각에 설레기도 했다. 정작 고통스럽게 죽어간 돼지에 대한 가여움은 그렇게 크지 않았다. 한편으로는 그런 나의 이기심을 바라보며 스스로 엄청난 혐오감을 느끼기도 했다.

성인이 돼 무기력증에 자주 시달리면서 사방이 쓰레기인 어두운 고시원 방 안에서 어떻게 하면 인간답게 살 수 있을까 고민을 많이 했다. 그럴 때마다 아버지가 돼지를 잡는 장면이 자주 떠올랐다. 아버지는 나와 가족들을 부양하기 위해 살상을 했다. 나 때문에 죽은 생명도 있는데, 왜 나는 가치 있게 살지 못하고 이딴 식으로 사는 것일까 절망했다. 그들의 헌신에 보답하지는 못할망정 나는 왜 이 좁은 방 안에서 움직일 수 없는 것일까?

• • •
죄책감은 마음을 움직이지 못한다

내가 방 안에서 조금씩 움직일 수 있게 된 건 스스로가 그렇게 좋은 사람이 아니라는 것을 인정하면서부터다. 난 돼지가 어떻게 자라는지 빤히 알면서도, 죽어가는 돼지를 여러 차례 본 적이 있으면서도, 제러미 리프킨의 《육식의 종말》을 읽고도 채식에 실패하는 사람이었다.

그렇다. 난 죄책감을 씻고 싶어서 채식을 시도한 적이 있다. 하지만 채식 생활을 잘 유지하다가도 사람들을 만날 때 삼겹살을 먹으러 가자고 하면 거절하지 못했다. 생명의 무거움보다 당장 사람들을 만나면서 느끼는 따뜻함이 더 중요했다. 난 그런 사람이다.

마찬가지로 부모님의 기대에 부응하는 좋은 딸이 될 수도 없었다. 난 부모님이 돼지를 키우고 죽이는 일을 하는 게 기꺼웠으리라 생각하지 않는다. 생명의 존엄성은 둘째 치고, 동물은 저절로 자라지 않는다. 부모님은 밤낮없이 돼지를 보살폈다. 그런 수고를 보면서 자랐기 때문에 나는 부모님이 원하는 대로 공무원 시험에 일찌감치 붙어 기대에 부응하리라 다짐했다. 하지만 정작 그것을 위한 나의 의지는 한 줌도 생기지 않았다.

사실은 부모님의 뜻대로 살기 싫었던 것이다. 난 삶을 내 뜻대로 살려고 할 때만 움직이는 매우 이기적인 존재임을 인정해야 했다. 내가 눈에 빤히 보이는 누군가의 희생에 기꺼이 빚질 정도로 삶을 내 뜻대로 살고자 하는 의지가 강하다는 것을 인정하고 나니 오히려 마음이 편해졌다.

무엇이든 할 수 있게 만드는 진짜 동력

만약 내가 빚진 희생을 보상하려고 생각했다면 오히려 내 자존감은 계속 낮아졌을 것이다. 어떤 방법을 생각해봐도 부모님의 헌신과 숱하게 희생된 생명에 대한 빚을 청산할 수는 없을 것이다.

대신 때가 되면 나도 누군가를 책임지고 헌신하리라 다짐했다. 달갑지 않아도 어른들이 가족들을 위해 그 질긴 돼지의 숨을 끊는 일을 했던 것처럼 말이다. 그게 가족이 될 수도 있고 사명감 있는 일이 될 수도 있다. 그 대상을 찾아 헌신하는 것이 '무엇이든 할 수 있는' 생존력을 가져다주리라 생각한다.

난 적극적으로 죄책감을 품고 살 것이다. 이미 내가 누군가의 희생과 양보에 큰 빚을 졌음을 기억할 것이다. 그럼에도 나는 내 뜻대로 살고자 하는 사람임을 기억하고, 다만 생존 자체를 명분으로 삼고 마냥 이기적으로 살지는 않으려 노력할 것이다. 가능하다면 언젠가 누군가를 위해 무엇이든 하며 헌신할 것이다. 내가 할 수 있는 건 잘해봤자 이 정도다.

사람을 움직이는 열정의 근원은 꿈이다. 하지만 내 안엔 부모님의 바람과 자신에 대한 오해와 죄책감이 어지럽게 섞여있어 순수한 꿈을 갖기 어려웠다.

그래서 나는 다른 동력을 찾았다. 트라우마를 기꺼이 품고 내 일부로 인정했다. 외면하고 싶은 현실의 바닥을 맨발로 딛고 '내가 어떤 사람인가'라는 질문의 답을 알아가는 것을 우선 목표로 두고 움직였다. 나라는 존재를 추적하며 '내가 이런 사람이었으면 좋겠다'는 자아상을 여러 번 깨고 가지치기를 하는 식으로 자존감을 다졌다. 자신에 대해 알게 된 것을 근거로 입장을 재정비해나갔다.

난 이 동력을 '생존력'으로 부르고 싶다. 현실을 받아들이고, 가능성 대신 무지를 품으며, 자신과 환경에 대한 앎을 추구하는 것 말이다. 타인과의 경쟁에서 살아남고자 하는 것이 아니라 결국 나라는 존재로서 살아가고자 하는 의지다. 부푼 꿈이 터지면 열정은 꺼질 수 있지만, 생존력은 죽을 때까지 꺼지지 않을 동력이다. 생존력은 질기다.

'좋아요'
뒤에 숨은
진짜 감정

2년 전 연초에 스마트폰이 고장 났는데, 당장 고칠 돈이 없어서 (백수 7개월 만에 퇴직금과 모아둔 돈이 바닥이 났던 터였다) 거의 2주 정도를 연락도 되지 않은 채 지냈다. 그 시기에 함께 프로젝트를 진행하던 친구들과 워크숍으로 여행을 갔는데, 성인이 된 이후로 가장 감정이 오락가락했던 2박 3일이었다.

그 여행에서 나는 거의 매 순간 화난 채로 지내다가 왔다. 여행 장소가 너무 멀어서, 숙소가 불편해서, 개인적인 공간이 없어서, 논의해야 할 주제는 많은데 진행이 더뎌서 화가 났다. 사람들에게 나도 모르게 짜증을 많이 냈다.

중간중간 화를 다스리려고 홀로 바깥으로 나왔는데, 스마트폰이 없으니 생각밖에 할 게 없었다. 자연스럽게 '왜 이렇게 화가 나는 것일까?' 하고 생각했다. 이윽고 이렇게 화가 나는 이유는 '스마트폰이 없어서' 'SNS에 접속할 수 없어서'라는 대답이 나왔다.

만약 스마트폰이 있었다면 나의 관심을 이 스트레스가 가득한 환경이 아니라, 다른 곳에 얼마든지 쏟을 수 있었을 것이다. 다른 친구들과 통화나 '카톡' 메시지를 통해 뒷담화를 하며 기분을 풀었을 수도 있다. SNS에 다른 사람들이 올린 사진을 보면서 내 상황을 잊거나, 공분할 만한 뉴스를 보며 실컷 화를 낼 수도 있었다.

하지만 스마트폰의 부재로 그 어떤 것도 할 수 없는 상황에서 갈등에 계속 노출되니 화를 조절하기 힘들어진 것이다. 스마트폰이 없다는 것은 나에게 단순히 연결이 단절된다는 의미가 아닌 그 이상의 것이었다.

* * *

감정 도피처

돌이켜보니 나는 일상의 부정적 감정을 스마트폰을 이용한 여러 방법으로 풀고 있었다. SNS 피드에서 생생하게 접하는 경악할 만한 사건에 분노를 퍼붓고, 재밌는 콘텐츠를 보면서 걱정거리를 잊거나, 혹은 주어가 모호한 저격 글을 쓰며 답답함을 해소하고 있었다.

그러는 사이에 내 감정의 주어와 목적어는 흐릿해졌고, 타인의 사건과 감정의 주어에 내 이름을 써놓고 있었다. 그렇게 나는 나에게 일어난 진짜 문제와 갈등으로부터 도망친 줄도 모른 채 도망쳤다. 스마트폰은 나의 감정의 도피처였고 우회적인 표현 도구였다.

난 여전히 "SNS가 인생의 낭비"라는 말에 100퍼센트 동의하지 않는다. 스마트폰을 이용한 소통 방식은 요즘 시대에 일반적인 사회생활을 한다면 받아들일 수밖에 없다고 여긴다. 근본적인 문제는 현실을 외면하고 SNS로 도피하는 것이지, SNS 자체가 아니다. 게다가 항상 현실에 진지하다고 해서 문제를 척척 잘 해결할 수 있는 것도 아니다. 문제나 갈등에 거리감과 냉정함을 유지할 수 없어서 힘들어하는 사람들도 많지 않은가.

다만 SNS를 도피처로 이용하더라도 도피하고 있다는 사실을 알고 있으면 된다. 현실은 언제나 우리와 함께한다. 현실의 문제와 갈등은 우리가 외면하고 있는 순간에도 사라지지 않는다. 오히려 눈 감으면 사라질 것들은 도피처다. SNS뿐만 아니라 술, 담배, 약물, 게임 등의 도피처에 관심을 두면 둘수록 내 존재는 희미해진다. 내 존재를 뚜렷하게 해주는 것은 현실의 문제와 갈등, 그리고 그것을 바라보는 나의 진짜 감정이다.

난 여전히 스마트폰 이용 시간이 많다. SNS도 적극적으로 이용한다. 무언가 하나 깨달았다고 사람이 그렇게 쉽게 바뀌는 것이 아니기 때문이다. 게다가 난 관심으로 먹고사는 유튜버가 아닌가. 여전히 나에게 SNS는 중요한 심리적 도피처다. 게임도 술도 담배도 안 하니까 그 정도는 나에게 허락해주고 싶다.

● ● ●
SNS에 휘둘리지 않고 이용하기

그래도 SNS를 맹목적으로 떠받들던 시기와 조금 바뀐 것이 있다면 습관적인 공감과 감성 글쓰기는 의식적으로 주의한다는 점이다.

아무리 대중의 공분을 사는 사건에 대한 뉴스가 피드를 채워도 내가 아는 것은 극히 일부의 사실일 뿐이라는 것을 환기한다. 시사에 관심을 두지 않는다는 뜻이 아니고, 시간을 두고 지켜보자는 태도를 보이려고 노력하는 것이다.

게다가 난 뉴스 업계에서 일했다. 어떤 사건에 대한 여론이 손바닥 뒤집듯 뒤집히는 것을 4년 넘게 지켜봐왔다. 사회적 사건에 대한 공감을 통해 세상을 바꾸려는 노력도 중요하지만, SNS 피드에서 접하는 정보는 제대로 된 공감을 하기에는 부족하다는 사실을 항상 기억하려고 한다. 거창하게 얘기했지만, 그냥 SNS 피드의 게시물만 보고 무턱대고 화를 내지 않으려고 노력하고 있다는 말이다.

더불어 새벽에 SNS에 쓰는 감성 글이 사실 이렇게 공개적으로 쓸 것이 아니라 '누군가'에게 전달돼야 하는 감정이 아닌지, 그 감정의 전달이 두려워서 SNS를 통해 우회 표현을 선택한 건 아닌지 한 번 더 생각한다. 내가 필요한 것은 특정 누군가의 공감과 이해인데, 엉뚱하게 SNS 친구들에게 공감과 이해를 구하고 있는 건 아닌지 한 번 더 생각해본다는 말이다.

드넓은 세상을 향해 '좋아요' 혹은 '싫어요' 공감 표시를 누르는 것보다 훨씬 복잡한 내 문제와 감정을 먼저 이해하려고 노력하고 있다. 벌써 의식적으로 노력한 지 3년 차가 됐지만, 아직도 어렵다.

완벽하지 않음을
숨기지 말 것

내가 가장 좋아하는 칭찬 중 하나는 '매력적'이라는 말이다. 매력적이라는 말이 매력적이다. 무척이나 좋다. 왜냐면 매력적이라는 수식어는 그냥 얻을 수 없다고 생각하기 때문이다.

매력은 타고난다. 하지만 매력을 발산하는 것은 조금 다른 문제다. 물론 출중한 외모는 가만히 있어도 드러나지만, 그게 매력의 전부가 아니라는 것은 누구나 아는 사실이다. 매력의 매력은 자신이 생각하는 최악의 단점도 매력이 될 수 있다는 점이다. 가진 것을 인정하고 당당하게 드러낸다는 전제하에 말이다.

난 어렸을 때 외모 콤플렉스가 심했다. 얼굴형이 너무 맘에 안 들어서 항상 '애교머리'로 가리고 다녔다. 그걸 때려치웠던 게 고등학생 때였다. 고등학교에서 기숙사 생활을 하면서 24시간을 학교 안에서 보내야 했는데, 애교머리를 24시간 유지하는 게 보통 힘든 게 아니었다. 특히 집중해서 공부할 때 매우 거슬렸다.

그때 동급생 중에 유난히 예쁜 친구들이 많았다. 그 친구들을 보면서 '내가 고작 애교머리를 내린다고 쟤들처럼 예뻐질 수 있는 것도 아닌데'라는 생각이 들자 그냥 머리를 올백으로 묶을 수 있었다. 나는 초등학교 5학년 때부터 중학교 3학년 때까지 앞머리를 올린 적이 단 한 번도 없었기 때문에 나름대로 진짜 큰 용기를 낸 것이었다.

재밌는 건 머리를 올백으로 하고 다니기 시작하니까 별로 말도 안 섞던 친구들이 지나가면서 한마디씩 말을 걸었다. 그 머리가 훨씬 더 낫다고 말이다. 특히 진짜 예쁘고 매력적이라 친해지고 싶다고 생각했던 친구가 내게 다가와서 "너 머리 그렇게 하니까 얼굴이 훨씬 환해 보인다"라고 칭찬해주자 내가 뭔가 오해하고 있었다는 걸 깨달았다.

난 내가 아주 예쁘지 않고 공부도 엄청나게 잘했던 것이 아니라 이런 나를 숨겨야만 사람들과 가까워질 수 있을 거라고 생각했다. 그런데 스스로 생각하기에 그렇게 예쁘지 않은 얼굴이더라도 그냥 온전히 드러내는 것만으로 훨씬 쉽게 인정과 신뢰를 얻을 수 있다는 것을 처음으로 깨달은 것이다.

진짜 나를 드러내면 매력이 드러난다

완벽하지 않다고 생각해서 자신의 존재를 숨기면 내가 가진 고유의 매력도 함께 숨기는 것이다. 내가 내 존재를 숨기면 그 누구도 나를 알아차려주지 않는다.

그 이후로 고등학교 생활 내내 콤플렉스라고 생각했던 것들을 드러내는 연습을 했다. 살집 있는 몸매, 활짝 웃을 때 주름지며 일그러지는 얼굴, 어려서부터 항상 튄다고 지적받았던 목소리, 뛰어나다고 하기엔 모호한 재능들. 그게 나를 인정하기 시작했던 첫 번째 과정이었다.

이 과정의 재밌었던 점은 자신의 장점이든 단점이든 '이게 나'라고 단 하나만 제대로 인정해도 주변 사람들이 알아차린다는 것이다. 거기에서 당신의 존재를 느끼고 거부감을 가질 수도 있고 매력적이라고 생각할 수도 있다.

꼭 모두에게 매력적일 필요는 없다. 우리도 세상 사람들 모두가 매력적이라 생각하지 않듯이 말이다. 스스로 생각하기에 완벽하지 않기 때문에 자신을 숨기면 투명 인간이 된다. 완벽하지 않은 자신도 인정하고 자신의 색채를 당당하게 드러내고 살자. 그게 매력을 드러내는 첫걸음이다.

'난 괜찮아' 식의
자기 주문 따위
버려라

유튜브 채널을 운영하며 받은 고민 사연에서 가장 자주 마주치는 단어 중 하나가 '자존감'이다. 많은 사람이 자신이 가진 문제의 이유를 '낮은 자존감'으로 꼽고 있다. 자존감이 낮아서 할 말을 못하고, 자존감을 높이기 위해서 타인을 깎아내리기도 하며, 자존감을 도둑질하는 타인들 때문에 어쩔 줄을 모르는 사람들의 고민으로 내 메일함은 가득 차 있다.

도대체 자존감은 무엇이길래 이렇게 많은 사람들을 괴롭게 하는 것일까. 코인과 같은 것일까? 잃었다가도 열심히 저축하면 다시 쌓을 수 있는 것일까? 혹시라도 다 떨어지면 파산하게 되는 것일까? 파산하고 나면 어떻게 되는 것일까?

채널을 운영하면서 가장 많이 들었던 말 중 하나가 "자존감이 높아 보인다"였다. 이런 내가 말이다. 손바닥만 한 고시원 방 안을 작은 쓰레기장으로 만들어 침대 구석에서 노숙자처럼 잠들던 내가 자존감이 높다는 소리를 듣다니!

심지어 난 과거와 엄청나게 다른 사람도 아니다. 다이어트 비결을 들으면 귀가 솔깃해지는 30대 싱글 고양이 집사다. 여전히 영상물 중독 증세가 있고 별로 고칠 생각도 없다. 이제는 건강을 해칠 정도로 방을 어지르지 않을 뿐이다. 심지어 2년 전에는 돈도 제대로 못 벌어서 가지고 있던 보험을 모두 다 해약했고, 작년엔 결국 부모님께 손까지 벌려야 했다. 지금 이 책도 부모님께 빌린 돈을 갚으려고 쓰고 있다(웃자고 하는 진담이다).

그럼에도 내가 자존감이 높아 보이는 이유가 무엇일까 생각해보았다. 나는 혹시 자존감 로또라도 맞은 것일까? 그래서 '나는 날 사랑해'라는 주문을 외우면 매달 자존감 연금이 마음속으로 착착 들어와 내 하잘것없는 자존감을 채워주는 것일까? 그것도 아니면 사실은 마음속 깊이 열등감을 숨기고 자신 있는 척 행동해서 구독자들을 감쪽같이 속이고 있는 것일까?

당연히 아니다. 일단 난 보스들을 속이고 싶지 않다. 보스들을 속이려면 나도 속여야 하고, 그러면 오히려 자존감이 깎일 것이다. 그리고 보스들은 똑똑해서 내게 속지 않을 것이다.

내가 어떤 실패를 하든 자존감 탓이 아니다

난 실제로 자존감이 높다. 심지어 매우 탄탄하다. 이렇게 자신 있게 얘기할 수 있는 이유는 내가 자기 주문을 외우지 않기 때문이다. '나는 날 사랑해'라고 주문을 외우기 전에 난 자신에 대해서 구체적으로 이해하고 있다. '나는 괜찮을 거야'라는 주문을 외우기 전에 자기 이해를 바탕으로 최선의 대책을 세워서 움직인다. '나는 혼자가 아니야'라고 주문을 외우기 전에 평소에 주변 사람들과 약속을 잡고 즐겁게 지낸다. '나는 잘될 거야'라는 주문을 외우기 전에 그때그때 다양한 시도를 해왔고 실패를 한 후 오답 노트를 만들어왔다. 그 경험을 바탕으로 유튜브 채널도 운영하고 책도 쓰고 있으니 그 오답 노트가 쓸모없는 것은 아니었던 것 같다(물론 진짜 오답 노트가 있는 것은 아니다).

난 자존감 로또를 맞은 게 아니라 살아온 시간 동안 자존감을 쌓은 것이다. 그리고 자존감이 탄탄한 이유는 실패를 통해 쌓았기 때문이다.

내가 어렸을 때는 자존감이란 단어를 별로 쓰지 않았다. 내 기억으로 자존감이란 단어를 처음 들었던 것이 고등학생 때다. 나는 자존감을 자신감과 비슷한 말로 생각하고 대수롭게 생각하지 않았다. 그래서 단 한 번도 문제가 생기는 이유와 해결이 어려운 이유를 자존감에서 찾아본 적이 없었다. 돌이켜보면 나도 초등학생, 중학생 때에는 자존감이 매우 낮았다. 그때조차도 자존감을 탓한 적이 없었다. 애초에 그런 옵션들은 없었기 때문이다.

안 좋은 일이 생기면 그냥 아직 식견이 좁고 경험이 모자란 탓이라고만 여겼다. 이리저리 해결책을 궁리하다가 얻어걸려서 몇몇 문제를 해결하기도 했다. 그런 경험이 쌓여 내가 영 쓸모없는 인간까지는 아니라는 사실을 스스로 이해했다. 이런 과정 덕분에 자존감이 자연스럽게 높아졌다.

* * *
실패는 자존감의 어머니다

높은 자존감을 찾는 이유가 애초에 실패를 옵션으로 두고 싶지 않아서는 아닌가? 스스로 질문을 던져보라. 혹시 '심리적 금수저'로 시작하고 싶은 것 아닌가? 인생 3회 차처럼 능숙하고 멋지게 시작하고 싶은 것 아닌가?

그렇다면 다시 묻고 싶다. 왜 빤한 삶을 시작하려고 하는가? 그런다고 삶이 정석대로 흘러가지도 않을 텐데. 생각보다 당신은 빤한 사람이 아니라서 뜻대로 풀리지 않을 것이다.

당신의 마음이 이끄는 대로 선택을 하라. 말도 안 되는 것이라도 괜찮다. 시행착오를 겪고, 상심하고, 그래도 일어서라. 청춘은 기꺼이 실패를 선택하고, 실패하고도 일어서는 자신의 생존력을 확인하는 시절이다. 아기가 살고자 하는 본능으로 걸음마를 익히듯 누구나 실패에서 일어나는 법을 배워야 한다. 당신이 얼마나 상처를 입었더라도 말이다. 당신은 살아야 한다.

왜냐면 당신에겐 청춘 다음의 스테이지가 기다리고 있기 때문이다. 실패를 통해 터무니없는 가능성은 털어버리고 자신만의 길을 밝혀나가야 한다. 그 길을 밝혀주는 것은 마침내 실패에서 일어서는 법을 배운 당신 마음 안의 존재의 빛이다. 그게 진짜 자존감이다. 그게 진짜 죽을 때까지 다음 스테이지의 고난을 함께 싸워나갈 내 편이다.

아, 그리고 요새는 수명이 길어서 다음 스테이지가 꽤 많이 있다. 이번 판이 망했다고 다 끝난 게 아니라는 얘기다.

하여튼 자존감 로또는 없다. 꿈 깨시라.

"새로운 사람을 사귀는 게 두려워요"

Q. 올해 고등학교에 입학한 열일곱 살 학생입니다. 새 학기가 시작한 지 이제 한 달이 좀 넘었어요. 함께 다니는 친구가 있긴 한데, 아직 진짜 마음이 맞는 친구는 못 사귄 것 같아요. 3년 내내 친한 친구 한 명 없이 지낼까 봐 너무 걱정돼요. 그래서 중학교 다닐 때보다 자존감도 떨어진 것 같아요. 이럴 때일수록 나를 더 아끼고 사랑해줘야 하는데, 내 성격이 너무 소심해서 친구도 못 사귀나 싶고 부정적인 생각만 드네요. 어쩌면 좋을까요?

A. 새 학기가 되면 다들 친구를 사귀느냐 못 사귀느냐 고민이 무척 많더라고요. 저도 어렸을 때 비슷한 고민을 했던 게 새삼 생각나네요. 일단 시간을 두고 상황을 지켜보라는 말씀을 드리고 싶어요. 꼭 처음에 생긴 그룹대로 친구 관계가 성립되는 것도 아니니까요.

마음이 맞는 친구를 찾는 건 시간이 걸리는 일이에요. 마음이 맞는 친구를 찾으려면 내 마음이 어떤지 항상 주의를 기울여야겠죠? 그러니까 이럴 때일수록 자신을 더 아끼고 사랑해줘야 한다는 상담자의 생각은 옳아요. 그런데 어떻게 해야 자신을 아끼고 사랑해주는 것일까요?

　　많은 사람들이 '자신을 사랑하는 법'에 대해 얘기할 때 '괜찮아'라고 스스로를 다독이고 '넌 잘하고 있어'라고 칭찬하는 일을 생각합니다. 물론 자신을 위로하고 격려하는 것은 자신을 사랑하는 방법 중 하나이긴 하죠. 하지만 저는 그 정도로는 한참 모자라다고 생각합니다.

　　혹시 아이들이 강아지를 키우고 싶어서 부모님을 조르는 장면을 본 적이 있나요? 그러면 보통 부모님이 걱정하면서 하는 질문이 있습니다. "잘 돌볼 자신 있는 거지?" 그럼 아이들은 쉽게 말하죠. "그럼요, 잘 돌볼 자신 있어요!"

　　아이들은 강아지를 무척 예뻐합니다. 밥이나 간식도 챙겨주면서 말이죠. 하지만 부모님이 잘 돌볼 자신이 있냐고 물어봤을 땐 산책도 시키고, 똥오줌을 가리도록 훈육도 시키고, 목욕도 시키고, 혹시 문제가 있는 건 아닐지 항상 잘 살필 자신이 있냐고 물어봤던 것이겠죠? 사랑한다는 행위에는 예뻐하는 것 이상의 의미가 있기 때문이죠.

　　자신을 사랑하는 것도 마찬가지랍니다. 마치 부모가 아이를 돌보는 것처럼, 혹시 문제가 없는지 자신의 감정을 잘 살피고 표현해야 합니다. 그러면서도 사람들과 잘 어울리기 위해 이기적으로 행동하지 않고 스스로 건강을 잘 챙겨야 한답니다. 자신을 그냥 예뻐하는 정도로만 사랑해준다면, 먼 친척 동생을 사랑하는 정도로 자신을 사랑해주는 것일 뿐이에요. 당신은 그것보다 더 큰 사랑을 받아야 하는 사람인데 말이죠.

새 학기라 많이 힘들겠지만, 그럴 때일수록 중심을 잡고 자신을 잘 보살피세요. 걱정만 늘어놓는 것은 사랑이 아니랍니다. 부모님이 힘들다고 아이 앞에서 걱정만 늘어놓는다면 좋은 부모라고 하지 않잖아요. 좋은 부모는 걱정스런 일이 있어도 할 일은 하고 아이도 잘 보살핍니다. 그런 좋은 부모처럼 자기 스스로를 잘 보살피세요.

걱정에 압도되지 않고 건강하게 잘 지내다 보면 나와 마음이 맞는 친구를 찾을 수 있을 거예요. 혹은 그런 친구가 다가올 수도 있고요. 자신을 사랑하면서 힘든 시기를 잘 보내시길 바랄게요!

3장

비위를
맞추지 말고
호흡을 맞추자

인간은
생각보다 더
사회적 동물이다

나와 무척 어울리진 않지만 스물한 살 때 공무원 준비를 위해 대학 휴학을 하고 1년 동안 노량진에서 수험 공부를 한 적 있다. 사실 나의 무기력증의 시작은 그때부터 본격적으로 시작됐다. 하지만 그때는 방 안을 더럽게 만들지는 않았다. 그땐 나름대로 열정이 있었다. 부모님이 바라는 대로 9급 공무원이 돼서 경제적 자립을 하고 그 이후로 내 뜻대로 살겠다는 꿈이 있었기 때문이다. 처음엔 학원을 열심히 다니며 나름 열심히 공부했다. 자취방도 깨끗했고.

하지만 곧 번아웃이 돼서 무기력증이 왔다. 항상 공부를 미루고, 응시한 시험을 불참한 채 사람도 거의 만나지 않았다. 외출은 음식을 사거나 산책을 위해서만 했다. 그렇게 6개월에서 7개월 정도 보냈다. 그 생활이 그렇게 길어질 줄은 몰랐다.

집 안에서는 다양한 영상을 섭렵해나갔다. 그때는 온라인 스트리밍 채널에서 드라마나 예능 프로그램이 연속해서 나오는 곳이 많았다. 거기서 한국, 일본, 미국 등 전 세계의 볼 수 있는 모든 드라마와 예능 프로그램을 다 봤다. 일본 드라마는 하도 봐서 나중엔 꽤 알아듣는 지경까지 됐다. 그 정도로 많이 봤다.

처음에 쉰다는 핑계로 영상을 볼 때는 그저 재밌었다. 하지만 영상을 하도 많이 봐서 안 본 영상이 없겠다 싶어지자 스스로가 한심하게 느껴지기 시작했다. 그리고 본 영상을 지겹다고 생각하면서도 끊지 못하고 계속 보는 자신을 보면서 문제가 있구나 싶었다. 모니터 앞에 웅크려 앉아 자세를 다양하게 바꿔가며 영상을 한참 보다가 날이 새면 잠이 들었다.

이상한 꿈도 많이 꿨다. 그중 무서웠던 꿈은 새까만 데서 목소리만 들리는 꿈이었다. 그 목소리는 남자인지 여자인지 알 수 없었다. 한국어로만 말하지도 않았다. 영어일 때도 있었고 일본어일 때도 있었다. 국적이 없는 언어일 때도 있었다. 그 속삭임을 끊임없이 듣는 것이다. 나는 한마디도 할 수 없는데 말이다.

그때 연락하던 사람은 거의 부모님밖에 없었는데, 그마저도 거짓말만 하는 대화였다. 공부도 열심히 하고 있다고 해야 하고,

응시하지 않은 시험을 봤다고 해야 했다. 그들을 안심시키기 위해서 말이다. 웃으면서 통화를 끝내놓고는 핸드폰을 벽에 던지곤 했다. 혼자 있으면 분노를 삭이기 힘들었다.

언젠가부터 혼잣말도 많이 했다. 나는 원래 혼잣말을 하지 않았다. 지금도 거의 안 한다. 근데 그때는 했다. 해놓고는 혼자 깜짝 놀라곤 했다. 왜 내 마음의 말을 갑자기 그렇게 큰 소리로 허공에 내뱉는지 이해할 수 없었다.

• • •

부대끼는 삶이 필요하다

그 생활은 다행히 휴학 기간이 끝나면서 마무리됐다. 내 삶에서 가장 고립된 생활이었다. 왜 교도소에서 독방을 징벌 용도로 쓰는지 이해가 됐다. 난 누가 가두지도 않았는데 스스로를 독방에 가두었다. 월세까지 내면서 말이다.

인간관계에 관한 처세술 영상을 만들면 '뭐 이렇게 어려워? 차라리 혼자가 나을 듯' 이런 식의 댓글이 종종 달린다. 그런 댓글을 보면 나의 노량진 독방이 생각나면서 가슴이 철렁한다. 혼자는 괜찮지 않다. 사람을 이상하게 만든다. 위험하다.

흔히 '히키코모리'라고 부르는 은둔형 외톨이들도 진짜 혼자 있는 건 아니다. 보통 인터넷을 통해 유사 사회생활을 영위한다. 나도 다양한 인터넷 커뮤니티 활동을 했다. 그 활동을 안 했으면 정말 이상한 사람이 됐을 것이다. 내게는 큰 위로였다.

하지만 인터넷 커뮤니티와 SNS만으로는 부족했다. 거기는 너무나 안전하다. 관계의 실패가 없다. 그래서 아무것도 쌓을 수 없었다. 신뢰나 우정, 사랑 같은 그런 것들 말이다. 관계의 희로애락을 모르니, 실제 관계에서 갈등에 취약해지게 만든다. 거기에선 대중 정서와 유행은 알 수 있지만 조직, 나아가 사회에 대해 이해할 수 없다.

인간은 생각보다 더 사회적인 동물이다. 그러니까 혼자는 괜찮지 않다. 우리는 뒤통수 맞을 것을 각오하고서라도 사람을 만나야 한다.

무리에서
소외된다는 것

어린 시절엔 따돌림을 참 많이 당했다. 처음으로 따돌림을 당했던 것은 유치원에서였다. 아이들이 놀이에 끼워주지 않아서 놀이터 한쪽에서 흙 놀이를 했던 기억이 있다. 내가 또래 아이들에게 적응하지 못해서 유치원에 안 가려고 떼를 쓰자, 외할머니는 남자애들이 90퍼센트 이상 다니는 태권도 학원과 함께 운영하는 유치원에 날 등록시켰다. 거기에선 딱히 아이들이 무리를 나눠 놀지 않았기 때문에 재밌게 지냈다.

초등학교 3학년 때도 따돌림을 당했다. 어떤 여자애가 어느 날부터 날 괴롭히기 시작했는데, 이유는 '잘난 척을 해서'였다. 부모님과 떨어져 살아서인지 다소 기죽어 조용히 지내는 편이었는데, 왜 그렇게 생각했는지 모르겠다. 아마도 내가 가끔 이모의 귀찌를 몰래 착용하고 학교에 갔던 게 보기 싫었던 것 같다. 엄마 아빠도 없는 애가 나대니까. 그 친구는 내가 "냄새가 난다"는 둥, "도시락이 맛없어 보인다"는 둥 심한 말을 하며 따돌림을 주도해서 나중엔 모든 여자애들이 나와 어울리는 것을 꺼렸다.

다행히 괴롭힘이 심해질 무렵 부모님과 함께 살기 위해 전학을 갔다. 그곳은 시골이라 친구들이 착하고 순박할 것이라 기대했는데, 전학을 간 당일에 내 기대는 깨졌다. 그 학교는 한 학년에 한 학급밖에 없었기 때문에 아이들은 이미 길게는 유치원 때부터, 적어도 2년 동안 함께한 친구들이었다. 난 낯선 이방인이었고 바로 짓궂은 남자아이들의 괴롭힘 대상이 됐다.

잠시 자리를 비우면 가방 안의 소지품이 사라지거나 서랍 안에 썩은 우유 같은 것들이 들어있었다. 아무리 울거나 화를 내도 멈추지 않았다. 아직도 아끼던 까만 거울이 남자애들의 장난 때문에 산산이 깨지던 순간이 기억난다. 왜 그렇게까지 괴롭히는지 도무지 이해가 되지 않았다.

그에 비하면 여자애들은 친절했다. 놀이에도 비교적 쉽게 끼워줬다. 하지만 눈에 보이지 않는 선은 오히려 남자애들보다 더 확실했다. 때로는 자기들끼리 아는 얘기를 하고는 "넌 여기 사람이 아니라서 모르겠네?"라고 말했다. 전학 오기 전에 이미 여자애들에게 따돌림을 당했기에 난 엄청난 불안에 시달려야 했다.

그렇게 열다섯 명의 남자애들, 일곱 명의 여자애들과 초등학교 3학년부터 중학교 3학년 때까지 크게 인원 변동 없이 한 학급의 친구로 지냈다. 7년이라는 긴 시간을 함께 보냈으니 분명 즐겁고 좋았던 순간도 있었을 텐데, 대부분의 시간을 외롭고 힘들었다고 기억하고 있다.

따돌림이 심했던 시기엔 점심시간과 쉬는 시간보다 수업 시간이 더 좋았다. 수업 시간엔 수업에 집중하면 됐지만, 그 외엔 내가 소외당하고 있다는 사실을 외면할 방법을 찾아야만 했다. 그래서 항상 책에 코를 박고 있었다. 책을 읽고 있으면 정신 승리가 가능했다. '내가 수준이 높기 때문에 저 철없는 애들이랑 안 노는 거야'라고 생각하곤 했다. 조금 효과도 있었다. 어떤 친구들은 내가 자기들보다 똑똑하다고 생각해서 그저 어려워하기도 했기 때문이다. 따돌림을 당하는 것보다는 어려워하는 편이 나았다.

• • •
아무리 단단한 사람도 무너지는 순간이 온다

하지만 소풍을 가거나 외부 견학을 가면 나만의 정신 승리는 어김없이 무너졌다. 특히 중학교 때 놀이동산으로 소풍을 갔을 때는 정말 최악이었다. 아무도 나와 어울리고 싶어 하지 않았고, 나 역시 같이 다니자고 먼저 말을 꺼낼 용기가 없었다. 결국 나는 자유 시간이 끝나길 바라며 홀로 정처 없이 놀이동산을 돌아다녔다. 벤치에 앉아 홀로 도시락을 먹으면서 누가 볼까 봐 허겁지겁 먹었던 기억이 어렴풋이 난다. 그런 개방된 공간에서는 나의 자존심을 지키기 힘들었기에 더 고통스러웠다.

학교에서는 한 번 따돌림을 당하면 계속 당하는 경우가 많다. 심지어 장소와 사람이 바뀌어도 말이다. 따돌림을 당한 아이에게 문제가 있는 게 아니다. 아이들은 동물적인 본능으로 약한 아이들을 아는 것 같다. 그리고 그 약한 아이들을 괴롭혀서 자신이 약하지 않다는 것을 뽐내는 아이들이 있다. 그런 아이들이 사실은 진짜 약한 아이들이다.

나는 따돌림을 당하지 않는 법, 괴롭힘을 당하지 않는 법에 대해서는 쉽게 얘기하지 못할 것 같다. 너무 어려운 문제다. 중학교 때 엄청난 용기를 내 날 괴롭히는 아이들에게 맞서 싸우기도 했지만, 완벽한 해결책은 아니었다. 그 후에 완전히 혼자가 됐기 때문이다. 다들 내가 '미친X' 같다고 꺼려했다. 그 정도 각오로 싸워야 하는 것도 너무 힘들었고, 1년 넘게 모두가 날 피해 다니는 경험도 유쾌하지는 않았다. 괴롭힘 당하는 것보다는 나았다고 생각하지만.

당신의 잘못이 아니다

하지만 따돌림 당하고 있거나 당한 경험이 있는 사람들에게 반드시 당부하고 싶은 말이 있다. 따돌림 당하는 게 반복되다 보면 '내가 문제가 있는 것일까'라는 질문을 던지게 된다. 물론 문제는 있다. 근데 그건 당신이 만든 문제가 아니라, 그렇게 만든 주변의 문제일 것이다. 고작 어린아이인데 무슨 큰 잘못이 있겠는가? 당신은 가난할 수도 있고, 가정이 화목하지 않을 수도 있다. 몸이 약할 수도 있고, 공부를 못할 수도 있다.

모두 당신의 잘못이 아니다. 공부를 못했다고 해도 마찬가지다. 공부만이 평가 잣대인 게 잘못이다. 주변 환경이 당신을 취약하게 만들었고, 괴롭힐 대상을 찾고 있는 아이들에게 딱 포착된 것이다. 하지만 어린 당신은 주변 환경을 바꾸거나 선택할 수 없다. 돈도, 법적 자격도 없으니까.

당신이 할 수 있는 것이라고는 고작 누군가에게 도움을 구하거나 성격을 바꾸려고 하는 정도밖에 없다. 할 수 있는 것을 하려는 태도는 귀중하다. 우리는 언제나 할 수 있는 것 중 최선을 골라 용기 내서 시도할 수밖에 없다. 하지만 시도가 실패로 끝나거나, 아예 도움을 구하지 못하고 자신의 성격을 바꾸지 못해도 괜찮다. 돈을 스스로 벌 수 있고 법적 자격이 생기는 20대까지 숨죽이고 기다리는 것도 매우 훌륭한 전략이다. 빌어먹을 10대를 끝낸 것만으로도 이긴 거다. 그때 당신이 할 수 있는 게 뭐가 있었나? 그때가 좋다는 어른들의 말 따윈 믿지 마라.

20대까지 살아남아서 절대 10대 때의 당신처럼 살지 마라. 당신은 달라졌다. 의무와 권리가 있다. 이제 원한다면 학교도 자퇴할 수 있다. 그 누구의 허락도 없이 말이다. 누가 괴롭히면 법적으로 제대로 혼내줄 수 있다. 이제 당신은 원하는 주변 환경을 만들어나갈 수 있다. 처음부터 성공을 바라지만 않는다면 말이다.

일곱 살처럼 서툴러도 된다. 이제 처음으로 제대로 살아보는 것이니 말이다. 자신만의 시행착오를 선택하고 설레는 마음으로 당신이 누구인지 알아가라. 절대 10대 시절의 그늘에 갇혀 세상과 관계를 바라보지 마라. 당신은 다른 사람이다. 마침내 어린 시절은 끝났다.

갈등은
피하는 게
최선일까?

나를 다섯 살부터 열 살 때까지 키워주신 외할머니는 귀가 많이 어두웠다. 그래서 항상 사람들에게 여러 번 말을 물어봤고, 외할 아버지나 이모들은 짜증 섞인 말투로 답할 때가 많았다. 아마 외할머니는 사회생활에서도 마찬가지였을 것이다. 그래서 난 외할머니가 퇴근하면 같이 식탁에 앉아 하시는 얘기에 오랫동안 귀를 기울이곤 했다. 사실 이해도 안 되고 대부분 남 욕이라 듣기 힘들기도 했는데, 화를 풀어드리고 싶었던 것 같다.

열 살 때부터 부모님과 다시 함께 살기 시작했는데, 당시에 부모님 사이의 갈등이 심했다. 아버지는 가장으로서 흩어졌던 가족을 한데 모으려고 매우 엄격한 질서를 구축하고자 하셨다. 아버지는 다정한 분이셨지만, 훈육 방법은 매우 엄격했다. 그런 극도의 긴장 상태로 몇 시간을 보내야 용서의 시간이 왔다.

난 집에서 기쁨조 역할을 자처했다. 물론 천성적으로 애교가 많은 편이긴 하다. 하지만 그때는 부모님이 싸울까 봐, 아버지의 심기를 자칫 잘못 거스를까 봐 감정 노동 삼아서 많이 했다. 기를 쓰고 성적을 올렸던 이유도 반은 부모님을 기쁘게 해드리려고, 반은 친구들에게 만만하게 보이기 싫었기 때문이었다.

이렇게 나는 일단 갈등을 피하려고 재빨리 비위를 맞추면서 대응했다. 상대의 비위를 맞추기 위해 어떤 얘기든 들어줄 수 있었고, 부정적 감정을 억눌러 놀라운 인내심을 발휘했다. 필요하다면 거짓말도 서슴지 않았다. 이게 내가 가족 안에서 갈등이라는 위협적인 순간에 날 보호하기 위해 만든 첫 번째 방어 기제다. 난 이것을 성인이 돼서까지 매우 잘 써먹었다. 연애에서 발등을 찍히기 전까지는 말이다.

• • •

첫 번째 방어 기제가 내 발등을 찍을 때

내 최초의 방어 기제는 비위를 맞추는 것이었다. 초등학교와 중학교 때 따돌림을 당한 기억 때문에 고등학교에서는 남들 비위를 잘 맞추기 위해 노력했고, 그것은 매우 잘 먹혔다. 내가 그때부터 20대 중후반이 될 때까지 사람들과 단 한 번도 싸운 적이 없었다는 것이 그 증거다. 내 방어 기제는 가족을 넘어 친구들과의 관계에서 다듬어지면서 매우 세련돼졌다. 그래서 불만도 예쁘게 얘기할 방법이 생겼다. "네 상황이 이러이러하다는 것은 알지만, 이렇게 해준다면 내가 정말 기쁠 것 같아" 따위의 전개 방식을 가지고 있다. 이젠 더는 관계에서 실패할 일은 없다고 여겼다. 갈등을 막을 수 있는 마법의 방패가 있으니 말이다.

하지만 연애가 계속 실패하면서 뭔가 잘못됐다는 것을 깨달았다. 내 방어 기제가 연애를 망치고 있었다. 연애에서 비위를 맞추면 망한다. 내가 망해봐서 안다. 지금부터 하나하나 설명해주겠다.

우선 비위를 맞추는 것 자체가 상대방에 대한 두려움을 바탕으로 하는 행위다. 어린 나는 외할머니의 비위를 맞춰주지 않으면 온 가족이 싸우는 상황에 노출되리라 생각했고, 그게 위협적으로 느껴졌다. 그리고 난 부모님의 비위를 맞춰주지 않으면 둘이 싸우거나 갈등의 화살이 내게 향할 수 있음이 두려웠다. 특히 아버지에게 혼날 때는 엄청난 공포심을 느꼈다.

연애에서도 비위를 맞추듯 다정하게 행동하던 이면엔 이렇게 하지 않으면 관계가 깨질 것 같다는 두려움이 날 지배하고 있었다. 애정보다 불신이 우선인 관계인 것이다.

게다가 비위를 맞추기 위해선 부정적 감정을 억눌러야 하는데, 부정적 감정을 억누르다 보면 긍정적 감정도 함께 억누르게된다. 두려움에 질려 감정을 억압할 땐 스스로 상황을 '비상사태'로 받아들여 감정 억압을 진행하는 것 같다. 그때 의식적으로 부정적 감정만 선택해 억누르는 게 아니라, 무의식적으로 감정 반응 체계 자체의 전원을 내린다. 그래서 모든 감정을 전반적으로잘 느끼지 못하게 만든다. 난 대부분의 감정 표현이 어색했다. 당연히 사랑을 표현하며 서로의 존재를 밝혀주는 행위도 능숙하게할 수가 없었다.

관계는 갈등을 통해 발전한다. 서로의 같은 점, 좋은 점만 보고 관계를 이어나갈 수 없다. 못난 점, 아쉬운 점, 다른 점도 직면하며 맞춰가야 관계가 더 돈독해지고 방향성을 가지게 된다. 근데 난 갈등 자체를 받아들이지 못하니 당연히 얼마 못 가서 실패할 수밖에 없었다.

• • •

갈등에 직면한다고 꼭 피를 볼 필요가 없다

나는 관계를 위해 갈등에 직면하기로 마음먹었다. 그래서 자신의 호불호 파악을 했고 부정적 감정을 받아들이고 표현하는 연습도 했다. 그 과도기에는 드문드문 상대방에게 못된 말도 서슴지 않았다.

　일하면서도 자신의 의견을 강하게 어필했다. 일에 대한 관점이 다르면 날 선 비판을 일삼았다. 행사 기획을 하던 곳에서 일하면서 꽤 큰 규모의 공간 사업 건이 들어왔는데, 다들 기뻐하는 와중에 나는 "그 정도로 큰 자본을 우리가 운영할 수 있겠느냐"고 말해 파티 분위기에 초를 친 적도 있었다. 동료들은 내가 너무 비관적이라고 생각하는 것 같았다. 하지만 실제로 그 사업 건은 도장 찍기 전에 다른 곳에서 채갔다. 사실 채갔다는 표현은 부적절하다. 원래 돈을 집행하는 곳 입장에서는 사업을 진행할 곳을 두세 번 까다롭게 고려해도 이상할 게 아니니까. 하지만 상황은 묘하게도 내가 잘 안 되라고 악담한 셈이 됐다.

　갈등을 직면하면서 내가 왜 어렸을 때 그런 방어 기제를 만들었는지 다시 한 번 깨달았다. 난 투지가 너무 강했다. 특히 명분과 확신이 있을 때는 굉장히 냉정한 태도와 반드시 이기겠다는 각오로 정면 승부를 준비했다. 매번 정면 승부를 하려고 드니까 항상 출혈이 컸다. 칼을 휘두르다 보면 칼날에 스스로 베이기 마련이다. 상대방의 급소를 공격해 치명상을 입혀놓고 내가 칼에 맞은 듯 끙끙 앓았다. 그때 내가 아버지와 정말 많이 닮았다는 것을 깨달았다. 아버지도 우리 남매를 혼내시고는 다음 날에 온종일 식사도 못하고 앓으셨다.

나는 시각을 조금 달리하기로 마음먹었다. 왜냐하면 갈등에서 일어나는 증오의 마음을 감당하기 힘들었고(실제로 몸이 아주 아팠다), 상대방을 적으로 만들고 있었기 때문이었다. 물론 피치 못하게 누군가가 적이 될 수도 있지만, 일부러 적을 만들 필요는 없었다.

그렇다고 내 판단을 마냥 '틀릴 수 있으니 두고 보자'라는 방식으로 취급할 수도 없었다. 나는 일할 때 판단력을 200퍼센트 발휘했다. 이른 시간 안에 꽤 합리적인 판단을 해내는 것은 엄청난 장점이었다. 그걸 포기할 수는 없었다.

대신 내 의견과 판단을 확실하게 표현하고 설득하되 그게 최선이라고 생각하지 않기로 했다. 상대방의 생각할 시간과 시행착오를 존중하기로 마음먹었고, 결국 결정권자가 나와 다른 판단을 내리더라도 받아들이기로 했다. 주로 내가 화가 날 때는 판단을 내린 당사자가 나중에 문제가 생겨도 뒷감당을 회피할 때였기 때문에, 책임감이 없는 모습을 보이는 사람은 선을 긋고 서서히 거리를 두기로 마음먹었다.

그렇게 마침내 갈등을 회피하지 않으면서도 평화를 찾을 수 있었다. 나의 투지는 일단 자신을 개선할 때 주로 쓰기로 마음먹었다.

방패냐 무기냐,
선택할 수 있다

방어 기제는 관계에서 상처받지 않기 위한 방패로 만들어졌지만, 동시에 가장 강력한 무기이기도 하다. 방어 기제를 무기로 쓰려면 단 하나만 기억하면 된다. 상황을 회피하는 용도로 쓰지 않으면 된다.

나는 갈등을 피하려고 타인의 비위를 맞췄다. 비위를 맞추기 위해 나는 타인의 말에 적극적으로 귀 기울이는 법을 익혔다. 게다가 나는 어떤 말이든 상대방의 기분이 나쁘지 않게 말하는 방법도 매우 잘 알고 있다. 갈등을 피하고자 개발한 것이긴 하지만, 둘 다 커뮤니케이션 고급 스킬이다. 그 덕분에 난 사람들과 집중해서 긴 대화를 즐겁게 나눌 수 있다.

또한 난 이걸 유튜브 채널을 운영하면서 정말 잘 써먹고 있다. 특히 고민 상담을 할 때 사연을 유심히 읽고 상대방을 파악해 내 의견을 어떻게 효과적으로 잘 전달할 수 있을지 감을 빨리 잡는 편이다. 독한 말을 안 하고도 일침을 놓는 방법을 잘 안다. 그래서 유튜브 채널도 이만큼 성장한 것이다. 이제 내 방어 기제는 장점이다.

내 방어 기제를 소상히 파악하다 보니 타인의 방어 기제도 잘 파악하는 편이다. 아름다운 외모로 자존감을 보호하는 사람은 나이가 드는 것을 과하게 비관할 가능성이 크다. 높은 지력으로 자신을 보호하는 사람은 궁지에 몰리면 어려운 말을 쏟아내며 상대방의 무지함을 무시하거나 비난한다. 자신이 '좋은 사람'이라 생각하는 사람은 위기의 순간엔 도덕적 명분을 방패로 삼는다. 심한 농담을 일삼는 사람은 자기가 비웃음당하는 게 두려운 경우가 많다.

항상 잘 파악하는 건 아니지만 적어도 사람들에겐 자기를 보호하려는 강력한 욕구로 만든 방어 기제가 있다는 것을 알고 있다. 그렇기 때문에 사람과 가까워지고 싶을 때, 거리를 유지하고 존중하며 신뢰를 얻는 과정을 자연스럽게 받아들이고 조바심을 잘 가지지 않는다.

방어 기제는 누구나 있다. 한 가지만 있는 게 아니고 여러 개가 있다. 하지만 보통 관계가 꼬일 때는 처음으로 만든 방어 기제가 문제일 때가 많은 것 같다. 혹은 그게 거의 유일한 방어 기제일 때 문제가 발생한다. 방어 기제는 어린 우리를 보호해줬던 고마운 것이다. 하지만 어른이 되고 상황이 바뀐 만큼 그 효용에 대해 다시 생각해봐야 할 것이다.

● ● ●
자신의 방어 기제 파악하기

방어 기제는 위기의 순간에 나타난다. 자신의 존재가 위협받는 순간 불안과 두려움, 죄책감으로부터 잡아먹히지 않기 위해 작동한다. 일상생활을 가능하게 해주는 우산이랄까.

방어 기제의 종류는 매우 많다. 방어 기제에 대한 의견과 학설도 많다. 따라서 제대로 알고 싶다면 논문이나 심리 관련 전문 저서를 찾아보길 권한다. 포털 사이트 검색만 해도 전문적인 방어 기제 분류를 확인할 수 있다. 하지만 나는 그중 비교적 일반적이고 쉽게 이해가 가능한 분류법을 찾았기에 소개하고자 한다. 이책에서는 미성숙한 방어 유형과 성숙한 방어 유형을 중심으로 방어 기제를 어떻게 파악하고 이용해야 하는지 얘기를 나눠보고자 한다.

1. 미성숙한 방어 유형

미성숙한 방어 유형에는 행동화, 투사, 분리, 공상, 수동 공격 등이 있다. 사실 '미성숙한'이라는 수식어가 붙은 것을 보면 알 수 있듯이 이 방어 기제들은 불안 상황에서 버티도록 도와주지만, 실제로 상황을 극복하게 만드는 방어 유형은 아니다.

행동화는 가장 위험한 방어 유형이다. 폭언, 폭력, 폭음, 자살 등의 파괴적인 행동을 보이는데, 이는 내면의 불안을 해결하지 못해 극단적인 행동으로 불안을 표출하는 것이다. 사실 처음부터 행동화를 하는 사람은 잘 없는 것 같다. 주로 미성숙한 방어 유형에서 제시하는 다른 방어 기제를 쓰다가, 문제가 해결되지 않아 결국 궁지에 몰렸을 때 작동하는 방어 기제다.

투사는 특정 문제 상황에서 느끼는 자신의 부정적 생각이나 감정을 받아들이지 못하고 모든 것에 타인과 외부 환경을 탓하는 방어 기제다. 가장 흔한 것은 자신이 타인을 혐오하면서 타인이 자신을 혐오한다고 생각하는 것이다. 혐오라는 감정을 받아들이기 싫기 때문에 혐오할 명분을 외부 환경에서 찾거나 만드는 것이다. "이게 다 누구 때문이다"라는 말을 입에 달고 산다. 투사는 문제를 너무 단순한 형태로 파악하게 만든다. 어떤 문제가 있을 때 실제로 '누구 때문일 수도' 있겠으나, 대부분 '누구 때문만은 아니기' 때문에 역시 불안 상황 극복에 도움이 되지 않는다.

분리는 불안 상황의 복잡함이나 애매모호함을 참지 못하고 대상의 좋고 나쁨을 이분법적으로 나눠 나쁜 것을 받아들이지 않는 방어 기제다. 이것을 자기 이해로 가져오면 자신의 좋은 부분만 인정하고 나쁜 부분은 배척해 자기 이해를 선택적이고 부분적으로 한다. 결국은 자신을 입체적으로 이해하는 것을 방해하며 자기 오해를 부른다. 자신을 '좋은 사람' '강한 사람'으로만 생각하며 부정적이고 약한 감정을 돌보지 않기 때문에 예상치 못한 순간에 자신도 이해하기 힘든 폭발적 감정 표현을 하고 혼란스러워하기도 한다.

공상은 말 그대로 공상이다. 불안 상황과 다른 상황 혹은 긍정적 미래상을 만들어내 품는 것이다. 공상은 창작에서 잘 사용한다면 매우 긍정적으로 작용할 수 있는 방어 기제다. 문제는 망상으로 작용할 때다. 공상을 공상으로 인지하지 않고 현실로 인지할 때 타인과의 인식 격차로 대인 관계 소통이 어려워지거나 혹은 자신의 판타지 대상을 스토킹할 수도 있다.

수동 공격은 불안 상황을 일으킨 상대에 대한 분노와 같은 부정적 감정을 우회적으로 표현하는 것이다. 침묵, 비협조, 뒷담화, 의도적인 실수 등의 행동이 다 여기에 해당된다. 갈등 상황 안에 있긴 하지만, 갈등이 두렵고 직면하고 싶지 않기 때문에 이런 방어 기제가 발생한다. 갈등 상황 안에서 분노를 그대로 표출하며 상황을 악화시키는 것도 바람직하지 않지만, 있는 갈등을 피하면서 내심 남 탓만 하며 교묘하게 공격을 일삼는 것 역시 바람직하지 않다. 불안 상황 해결을 위해 의견을 개진하며 직접 나서지 않고, 지레 상황을 해결할 수 없으리라는 패배감만 안은 채 남 탓만 하고 있는 것이다.

미성숙한 방어 유형에 제시된 방어 기제들을 관통하고 있는 정서는 무기력함이다. 불안 상황을 천재지변처럼 충격적으로 받아들이고 '해결할 수 없는 것'으로 생각하며 타인과 외부 환경을 탓한다. 극단적으로는 상황을 비관해 자신을 파괴하며 타인과 외부 환경까지 파괴하고자 하는 것이다(행동화).

물론 어렸을 때는 실제로 타인과 외부 환경의 탓이 클 가능성이 높다. 그래서 대부분 어린 시절에 위와 같은 방어 기제를 만들었을 것이다. 하지만 성인이 되면 분명 상황은 달라진다. 일단 신체적으로도 강해지고, 법적 권리도 생기고, 경제적 영향력을 만들어나갈 수 있지 않은가? 그건 명백한 사실이다. 아무리 사회적 불안도가 높더라도 성인이라면 나름 능동적으로 살아갈 수 있다. 당연히 사회적 지위에 따라 그 능동적 범위의 격차가 있을 수 있다. 하지만 사회적 지위만 탓하는 것도 투사다. 하나만 보지 말자는 얘기다. 따라서 달라진 상황에 걸맞은 방어 기제를 마련하는 것이 진정한 어른이 되기 위한 첫걸음이다.

2. 성숙한 방어 유형

성숙한 방어 유형은 학술상으로는 적응적 방어 유형이라고 한다. 그 종류로는 예견, 친화, 이타성, 유머, 자기주장, 자기 관찰, 승화 등이 있다. 이 방어 기제들은 불안 상황을 비교적 있는 그대로 인식해 나름의 대응책을 마련하고 불안 상황을 개선하도록 도와준다.

예견은 불안 상황을 사전에 예측해 미리 해결책을 세우는 것이다. 항시 위험에 대비하는 것으로, 합리적인 태도를 유지하고 매사 촉을 세워 날선 직관을 이용한다. 물론 너무 비관적이고 보수적으로 보일 수도 있고 때때로 남들이 보기엔 쓸데없는 걱정까지 일삼아 자신과 주변을 피곤하게 만들 수도 있다. 하지만 결국 이들은 불안 상황 자체를 사전에 막는 경우가 많다. 반면 예측 못한 불안 상황에 대처하는 힘은 비교적 약하다.

친화를 방어 기제로 가진 사람은 갈등을 조정하고 협동을 추구한다. 이들은 적극적으로 타인과 불안을 비롯한 감정을 공유하며 공감대와 친밀감을 이끌어내 관계를 단단히 하는 방식으로 문제 상황, 특히 갈등 상황을 타파한다. 타인과 조직의 도움도 잘 이끌어낸다. 이들은 안심하고 소속될 수 있는 조직을 구성하는 저력이 있다. 하지만 조직 안에서가 아닌 홀로 불안 상황을 타개하는 힘은 비교적 약하다. 사회적으로 고립되는 상황에서 특히 취약함을 드러내기도 한다.

이타성을 방어 기제로 사용하는 사람은 타인에게 물심양면 도움을 베푼다. 하지만 그 이면엔 강한 경쟁심과 공격성이 있을 수 있다. 물론 이타성의 동기에는 다양한 요소가 있으니 이것만을 생각해서는 안 된다. 하지만 본능적인 경쟁심과 공격성을 가진 사람은 갈등 상황에 자주 노출되고 공격력도 '만렙'이다. 당장은 사람들을 이기고 굴복시킨다고 해도 긴 시간을 두고 보면 타인들에게 배척당해 결국 개인을 취약하게 만들 가능성이 높다. 그래서 강한 경쟁심과 공격성을 극단적으로 전환해 이타성으로 발휘하는 것이다. 이들은 남들에게 베풀 수 있는 상황 자체를 승리로 받아들인다. 그래서 때로는 마땅히 도움을 받아야 하는 상황에서 오히려 패배감을 느끼며 취약함을 드러낼 가능성이 있다.

유머는 내가 가장 좋아하는 방어 기제다. "인생은 가까이서 보면 비극이지만 멀리서 보면 희극이다"라는 찰리 채플린의 말을 무척 사랑한다. 유머는 불안 상황에 대한 아이러니함과 희극성을 꼬집어 웃게 만들고, 문제 해결을 위한 긴 시간을 버티는 힘을 마련해준다. 대부분 불안 상황은 너무 복잡해서 쉽게 풀기 힘든 경우가 많다. 혹은 이미 풀어내기엔 손쓸 수 없는 상태일 때도 있다. 그때 '이번에도 참 엿 같네'라고 심술궂은 말을 웃으며 내뱉고 넘기는 게 무엇이 그리 나쁘단 말인가. 진지하다고 문제가 해결되는 것도 아닌데. 다만 상황을 봐가면서 써야 하는 방어 기제임은 분명하다. 진지함을 도저히 못 견뎌서 시도 때도 없이 유머를 사용하면 안 될 일이다.

자기주장은 자신의 생각을 관철시키기 위해 위압적 태도로 말하거나 교묘하게 상대방의 생각을 조종하려고 하는 것이 아니라, 정정당당한 태도로 자신의 입장에서 얘기를 하는 것이다. 사실 누구나 불안 상황을 어떻게든 통제하고 싶은 욕구가 있다. 특히 함께 불안 상황 안에 있는 상대방을 신뢰하기 힘들거나 혹은 내가 옳다는 아집이 앞설 때는 타인을 조종하고 싶기 마련이다(조종 역시 방어 기제 중 하나다). 그럼에도 불구하고 자기주장은 상대방을 함께 문제를 해결해나갈 당사자로서 동등하게 인식하고 소통에 임하는 태도다. 하지만 상대방의 주장을 도저히 받아들일 수 없을 때 자기주장을 하는 사람의 불안과 분노는 강해질 수밖에 없다. 자기주장을 펼친다는 사실 자체가 그만큼 문제에 진지하고 자기 생각이 솔루션으로 옳다고 여기기 때문이다.

자기 관찰은 지금까지 이 섹션을 다 읽었다면 당신이 하고 있을 행위다. 내가 불안이나 위기 갈등 상황에서 대응하는 패턴을 객관적으로 모니터링하고 진짜 불안 상황을 개선했는지, 좀 더 보완할 점은 없는지 분석하고 행동 개선을 꾀하는 것이다. 크게 보면 내게는 이 책 자체가 자기 관찰 방어 기제의 발현이라고 볼 수 있다. 이 방어 기제의 취약점은 크게 없다. 할 수만 있다면 대부분의 불안에서 상당히 자유롭게 해줄 것이다.

다만 자기 모니터링을 위해 자기와 거리를 두고 객관성을 확보하는 것이 말처럼 쉬운 일이 아니다. 당분간 자신의 감정과 거리를 둘 필요도 있다. 내가 객관적 태도를 취한다고 해도 진짜 객관적일지도 의문이다. 자기 관찰은 긴 시간을 두고 자신의 행동 패턴을 관찰해야 하고, 객관성 확보를 위해 전문가에 의한 심리 분석도 함께 하는 편이 좋다.

승화는 사회적으로 용인되지 않는 본능적 욕구를 억압하지 않고 인정하며 사회적으로 용인되는 형태로 표출하는 것이다. 용인되지 않는 욕구는 공격심이나 부적절한 성적 충동 따위가 있을 것이다. 이런 경우는 흔히 볼 수 있다. 강한 공격심을 격투기 선수가 돼 표출하거나 혹은 검사나 변호사가 돼 승화할 수도 있다. 복잡한 성적 욕구를 관능적인 춤으로 표현하는 댄서도 있을 것이고, 문제를 끊임없이 찾는 편집적 예민함을 타인의 문제와 흠을 보고 상담해주며 승화하는 사람도 있을 것이다.

프로이트는 모든 직업과 예술적 창조 등은 본능적 충동이 승화된 결과라고 했다. 나아가 문화나 문명 역시 충동적 욕구가 승화된 결과물이라 주장했다. 그 주장이 맞는지는 모르겠지만, 자신을 온전하게 받아들이는 방법으로써 승화가 작동하고 있음은 분명하다.

성숙한 방어 유형에 제시된 방어 기제를 관통하는 것은 '상황 직면'이다. 아무리 불안한 상황일지라도, 부정하고 싶은 내면일지라도 받아들이는 것이다. 그렇게 알게 된 입체적 자아를 가지고 문제 타파를 위해 노력한다. 우리는 우리가 안심할 수 있는 상황 안에서만 살 수 없으며, 내가 받아들이고 싶은 나로만 살 수 없다. 어떤 위기가 닥쳐도 살아나갈 수 있는 '단단한 나'는 성숙한 방어 기제를 확보하면서 완성될 것이다.

당신의 대화가
늘 겉도는
이유

가끔 타인과의 일대일 대화가 너무 어렵다는 고민 사연이 온다. 그런 사연을 보면 내 중고등학교 시절이 생각난다. 나도 한때 그랬기 때문이다. 좀 친해질 것 같았던 친구와 일대일 대화를 하고 나면 멀어지는 경우가 많았다. 진짜 관계의 깊이는 일대일 대화에서 생긴다는 것을 생각하면 안타까운 일이다.

다행히 나는 이제 일대일 대화를 잘한다. 이 대화에 능숙해지고 나서는 관계를 만들고 유지하는 데 큰 어려움을 느낀 적이 없다. 그러니까 어떤 대화를 나눠도 겉도는 것 같은 사람들은 꼭 주목하시길!

먼저 어렸을 때 내가 가졌던 욕심에 관해 얘기해야 할 것 같다. 나는 고등학생이 되면 무리의 중심에 있는 '인기녀'가 되고 싶었다. 단순히 인기 있는 친구들을 동경했던 것도 있고, 초등학교와 중학교 때 많은 시간을 괴롭힘과 따돌림을 당하며 보내다 보니 다시 그런 일을 안 당하려면 인기가 있어야 한다고 생각했던 것 같다.

근데 막상 고등학교에 들어가니 또 무리에서 소외되기 시작했다. 중학교 때처럼 따돌림을 당한 건 아니지만, 내 첫인상이 그렇게 썩 좋지는 않았던 것 같다. 한번은 어떤 애들 서너 명이 내 자리로 우르르 몰려와서 "야, 네 목소리는 원래 그래?"라며 답하기 어려운 질문을 던진 적이 있다. 그 사건을 시작으로 학급 내에서 조를 만들거나 짝꿍이 바뀔 때 은근히 배척당한다는 느낌을 여러 번 받았다. 그래서 '인기녀'는커녕 고등학교에서도 친구 만들기는 물 건너갔다는 생각에 하늘이 무너지는 것 같았다.

· · ·

잘 보이려는 노력을 그만두면 생기는 변화

어쩔 수 없이 고등학교 생활에서 바라던 것을 내려놨다. 흔히 말하는 '인싸'가 돼서 학급 임원도 하고 모든 친구의 중심에 서서 지내고 싶은 마음을 버렸다. 그냥 중학교 때 하던 대로 공부 열심히 하고, 책 많이 읽고, 글 쓰고, 화장실도 혼자 다니고, 밥 먹으러 갈 때도 그냥저냥 친해진 애들이랑 같이 갔다. 뭔가 욕심을 내려놓으며 도 닦는 기분으로 지냈다.

그렇게 첫 학기가 지나고 2학기가 됐다. 어느 날 자습 시간에 짝꿍이 정말 뜬금없이 자신의 고민을 털어놓았다. 아마도 자습 시간의 무료함을 수다로 때우고 싶었던 것 같다. 나를 별로 안 좋아하는 것 같았던 애가 말을 걸어서 좀 어색하긴 했지만, 나도 심심했던 터라 고민 상담을 해줬다. 나중엔 내가 제일 좋아하는 책이나 영화 얘기를 하면서 재밌게 수다를 떨었다.

그런데 그 친구가 내 평판을 싹 바꾸어 놓았다. "쟤 알고 보니 애 괜찮더라"가 된 것이다. 정말 당황스러울 정도로 하루아침에 학급 친구들이 나를 대하는 태도가 바뀌었다. 그 이후로 별명도 여러 개 생겼다. 초등학교나 중학교 땐 날 괴롭히던 애들이 만든 것 외엔 별명이 없었다. 이제는 복도를 다니면 별로 대화를 안 나눴는데도 별명을 부르며 친근하게 다가오는 친구들까지 생겼다. 드디어 학교에서 존재감이 생긴 것이다. 내 고등학교 생활은 완전히 폈고, 친구들과 한없이 즐겁게 지냈다.

한편으로는 그 상황이 매우 얼떨떨하기도 했다. 중학교 때와 뭐가 달랐을까 생각을 해보긴 했는데, 그땐 어렸으니까 '아, 내가 욕심을 내려놓으니까 상을 주나 보다' 정도로만 여겼다.

내가 아닌 타인과 대화하라

지금 생각해보니 내가 내려놓은 건 욕심이 아니라 '나 이런 사람 이야'라는 자의식이었다. 고등학교에 갓 들어갔을 땐 시선이 온통 자신한테만 쏠려있었다. 모두가 좋아해주는 사람이 되고 싶었고, 그러기 위해서 완벽한 사람이 되고자 했고, 어떤 친구에게는 특별한 사람이 되고 싶어서 과장해서 행동했다.

대화에도 이런 식이 많았다. 만약에 누가 "나 다리가 아파"라고 하면 "나도 예전에 다리를 삐어봤는데 정말 아팠어!"라면서 내 얘기를 했다. 어떤 주제든 자신과 연관시켰다.

'난 특별해.'

'너에게 특별한 사람이 되고 싶어.'

'모두에게 주목받고 싶어.'

이렇게 내가 바라는 이상적 자아상을 만들기 위해 기대와 바람을 내세우고 소통을 하니 타인에게 진정한 관심을 기울일 수 없었다. 그런데 은근히 소외되기 시작하면서 그런 기대와 바람을 조금씩 내려놓으니까 오히려 대화할 때 친구들이 어떤 사람인지 보였다. 그 덕분에 친구들도 마음을 열었던 것 같다.

그 후로는 누가 '다리가 아파'라고 하면 "어떻게 아픈데? 무슨 일이 있었는데?" 이렇게 질문을 던져 상대방의 입장을 정확하게 알려고 노력했다. 그리고 내 경험이 도움 될 것 같으면 그때서야 "그때 나는 어떤 병원을 찾아 갔어"라는 식으로 얘기했다.

대화할 때 상대방에게 내가 어떻게 보일지 의식하면 진정한 대화가 어렵다. 자신을 덜 의식해야 타인이 보이고, 진짜 무언가를 주고받을 수 있다. 동시에 '나 이런 사람이야'를 내려놓고 나니까 그제야 타인도 나를 봐줬다. "미내플은 이런 사람이구나" "미내플은 이런 걸 잘하네!"라고 말이다.

마지막으로, 나를 의식하지 않는데도 영 대화가 안 풀릴 땐 혹시 자신이 타인에게 별로 흥미가 없는 건 아닌지 생각해보라. 관심을 기울이기 어려운 상대에게 굳이 관심 있는 척하면서 좋은 사람처럼 보이고 싶어 하는 것도 사실은 '나 이런 사람이야'와 다르지 않다.

사과하고도
욕먹지
않으려면

사과는 진짜 제대로 하지 않으면 안 하느니만 못하다. 그런데 사람들은 상대방이 화가 났거나 본인이 실수했을 때 너무 당황한 나머지 안 하느니만 못한 사과를 하면서 오히려 관계를 더 악화시키고는 한다. 그래서 이번엔 관계를 지킬 수 있는 사과의 기술에 관해 얘기해볼까 한다.

관계를 악화시키는 사과의 풍경은 대체로 이렇다. 상대방의 기분을 상하게 하고는 삐진 아이 달래듯 "야, 미안해. 화 풀어라, 응?" 이런 식으로 얘기하다가 상대방이 쉽게 화를 풀지 않으면 오히려 버럭 화를 낸다.

사실 사과가 먹히지 않는 경우는 진짜 미안한 마음이 없기 때문인 경우가 태반이다. 그저 상대가 화가 났다는 사실이 당혹스럽고, 불편하고, 싫으므로 일단 사과 먼저 하는 것이다.

여러분이 사과를 하는 순간 상대는 바로 용서하는 게 아니라 정말 내 말과 입장을 이해했나 지켜볼 것이다. 끝난 게 아니다. 그러니까 절대 영문도 모른 채 그냥 사과하지 않길 바란다. 상황을 모면하려다 오히려 난처한 상황에 부닥칠 가능성도 있다.

한때 수시로 사과를 하는 사람과 가깝게 지낸 적이 있다. 말을 워낙 잘해서 항상 그럴듯한 사과를 했다. 그래서 일단 용서하고 지냈는데, 시간이 지나도 했던 실수를 여러 차례 반복해서 화가 많이 났다. 다른 사건, 똑같은 내용의 사과가 반복되니 '얘는 말하는 만큼 나와의 관계를 존중하지 않는구나'라는 생각이 들었다. 그 친구는 이런 얘기를 들으면 억울할 것이다. 자기는 사과했기 때문이다.

· · ·

미안하다는 말에 책임지는 법

사실 미안한 마음은 원래 잘 안 생긴다. 타인의 처지를 이해해야 생기는 마음이기 때문이다. 그런데 상대방은 당장 화가 나 있는데 어떻게 해야 할까? 그땐 상대방의 감정과 입장을 중요하게 생각하고 이 관계를 존중한다는 것을 알려주는 것이 중요하다.

"네가 마음이 아프구나. 너는 나한테 중요한 사람이니까 네 감정이랑 입장을 이해하고 싶어. 그러니까 충분히 대화하자."

이런 식으로 위로의 말을 건네는 게 중요할 것이다. 상대가 날 이해할 의사가 있다는 것을 알면 대부분 일단 감정을 추스른다.

그렇게 대화하면서 상대방 얘기도 들어주고 내 얘기도 하면서 서로 이해의 폭을 넓힌다. 그러다가 진짜 미안한 마음이 들면 그때 사과하는 게 옳다고 생각한다. 용서는 상대의 몫이니까 닦달해선 안 될 것이다.

절대 사과를 안 하는 사람들도 있는데, 그런 사람들은 보통 "네가 화난 이유를 설명하고 증명해봐"라는 태도를 보인다. 이런 사람들은 무조건 자기가 옳다고 믿고 관계에 대한 존중이 없다. 결국 이런 사람들은 끝에 자기편이 없다. 내 편이 돼주는 사람의 중요성은 말로 설명할 수가 없다. 그러니까 관계 자체에 대해 존중하는 마음을 갖고 표현하는 게 중요하다.

미안하다는 말은 책임의 말이다. 이 관계를 중요하게 생각하기 때문에 앞으로 맞춰갈 수 있다는 말이다. 그러니까 미안하다는 말을 절대 회피의 말로 사용하지 않길 바란다. 그런 사과는 결국엔 상대방을 상처 입힌다. 관계가 소중할수록 갈등에 더 직면하고 어렵지만 맞춰나가길 바란다.

왜 입만 열면 '갑분싸'가 되는 걸까?

'갑분싸'는 '갑자기 분위기가 싸해진다'라는 말의 줄임말이다. 사실 어색한 상황 자체를 일컫는 말이지만, 이 글에선 그 상황을 만든 장본인을 '갑분싸'라고 부르기로 하겠다.

전에 고민 상담 라이브 방송에서 어떤 구독자가 갑분싸 탈출 어떻게 하느냐고 물어본 적이 있다. 여기서는 갑분싸를 세 가지 유형으로 나눠서 유형별로 조언하겠다. 이건 순전히 분위기를 맞추고 싶은 의지가 있다는 전제하에 만든 내용이니 내 갈 길 가고 있던 갑분싸는 도도하게 지나가면 될 것 같다.

첫 번째! 스스로 주인공이 되려고 하다가 갑분싸의 주인공이 되는 경우가 있다. 쉽게 얘기하면 무슨 얘기를 하든 화제의 중심을 자기로 돌리는 사람들이 대부분 여기에 해당한다. 한번은 이런 경우를 본 적이 있다. 어떤 남자가 자신의 반려견이 아팠던 얘기를 하는데, 그 말을 듣던 한 여자가 다짜고짜 자신의 반려묘가 얼마나 귀여운지 얘기를 시작해 주변에서 당황하는 것을 본 적이 있다. 얼마나 신나게 얘기하는지 사람들이 결국 그 여자의 얘기에 대충 맞장구를 치면서 대화가 끝났다. 반려견 얘기를 하던 남자는 아예 그 자리에서 입을 끝까지 다물었다. 물론 사람들은 다 자기 얘기를 하기 마련인데, 갑분싸 유형들은 자기가 잘났고 자기가 옳다는 얘기를 중점적으로 하므로 갑분싸를 만든다.

이 유형의 사람들은 보통 다른 큰 장점이나 강점이 있다. 외모가 귀엽거나 예쁘다든가, 혹은 굉장히 똑똑할 수도 있고, 아니면 사회적 지위가 높을 수 있다. 그래서 눈치 없게 행동하는데도 다른 사람들은 그냥 좀 피곤해할 뿐 딱히 지적하지 않고 방치한다.

보통 이런 사람에게 듣는 비중을 높이라고 하는데, 나는 조금 다른 조언을 하고 싶다. 이런 유형은 자신의 무기를 잘 갈고닦는 게 좋다. 미모가 무기라면 미모를 잘 유지하고 지위가 무기라면 높은 지위를 유지하길 바란다. 사람들이 그 부분에 대해서라도 인정해야 당신 주변에 있을 테니 말이다.

그리고 자기 얘기도 계속해라. 단, 다른 사람의 얘기 소재를 중간에 가로채서 뜬금없이 자기 얘기로 가져가지 않도록 하자.

특히 자기 자랑은 좀 자제해야 할 것이다. 대신 기승전결이 있는 에피소드 형식으로 얘기하는 게 좋다. 사람들은 재밌거나 도움이 되면 남의 얘기도 잘 듣는다. 다들 당신 잘난 거 아니까 더는 난 처하게 만들지 마라.

● ● ●

억지로 분위기를 맞출 필요 없다

두 번째는 눈치 보면서 분위기 맞추다가 비극의 갑분싸가 되는 경우다. 난 이런 사람을 술자리에서 많이 봤다. 낯선 사람과의 술 자리에서 '첫인상이 안 좋게 보이면 어쩌지' '혹시 내가 재미없다 고 생각하면 어쩌지' 이런 걱정을 하다가 오히려 다른 사람들의 대화를 놓친다. 나중에 존재감을 드러내겠다며 회심의 '유머'를 날렸다가 전혀 대화 맥락과 상관없는 얘기를 하며 갑분싸를 만 든다.

이 유형의 특징은 반응이 어색하다는 것이다. 뒷북치며 웃거 나, 과하게 웃거나, 항상 웃거나. 그리고 멘트도 어색하게 친다. 이들은 분위기 파악은 잘 안 됐는데 분위기는 맞추고 싶어 한다. 그래서 분위기 맞추려다 갑분싸가 되는 것이다. 얼마나 슬픈 일 인가?

자, 분위기 파악을 잘하려면 조바심을 내려놓아야 한다. 내가 갑분싸로 찍힐까 봐 두려운 마음도 내려놓고 여기 꼭 맞출 필요 없다고 생각하자. 그냥 '어떻게 상황이 굴러가나 볼까?' 이런 마음가짐으로 있는 게 나을 것이다. 리액션을 위한 리액션 말고, 진짜 리액션을 할 수 있어야 한다. 자연스레 분위기를 타야 한다. 그래야 엇박자 리액션을 하지 않을 수 있다.

뭔가 그 자리에서 굳이 인상을 남기고 싶다면 왁자지껄한 상황이 끝난 후를 노리는 게 좋다. 만약 어떤 사람이 재밌었으면 "너 진짜 말 재밌게 하더라"는 식으로 개개인에게 다가가서 칭찬을 남기거나 말 한마디 남기는 방식으로 다가가면 훨씬 인상을 깊게 남길 수 있다.

* * *

마이웨이에도 비단길과 자갈길이 있다

세 번째는 분위기 맞추는 데 신물이 나서 진격의 갑분싸가 되는 경우다. 이들의 장기는 '정색'이다. 고학번 선배가 아재 개그를 날리면 다들 그냥 "하하 호호" 웃고 있을 때 굳이 비위 맞추기 싫다며 "선배 그거 재미없는데요"라고 정색하며 바른말을 하는 사람이다. 분위기는 영하 50도로 차가워진다.

이들은 '더는 참지 않겠어! 내가 할 말은 해야겠다!'는 생각이 강하다. 아니다 싶으면 정색하면서 할 말 하니까 갑분싸가 된다. 나는 분위기를 맞출 의지가 없는데 맞추라고 하고 싶지는 않다. 하고 싶은 말은 하는 게 건강에 좋다고 평소에 생각하기도 하고.

그런데 표현이라는 게 해소의 기능도 있고 전달의 기능도 있다. 어떤 상황에서 화난다고 정색하며 할 말 하는 게 단순히 감정 해소를 넘어 상대방의 변화를 끌어낼 정도로 효과적일지는 잘 모르겠다. 내 경험으로는 그 순간은 통쾌한데 평판이 나빠지거나 미묘하게 보복당하는 경우가 있었다. 그래서 주의했으면 좋겠다.

분위기는 그저 분위기일 뿐이다. 분위기 타다가 뭔가 중요한 것을 놓치는 경우도 많다. 굳이 분위기를 나쁘게 만들 필요는 없지만 뭐, 또 못 맞췄다고 해서 심각하게 생각할 필요도 없다. 관계는 순간에 의해 결정되는 것이 아니다. 그러니까 특정 순간을 싸늘하게 만들었다고 온종일 부끄러워하고 자책할 필요는 없다.

"타인의 시선이 너무 신경 쓰여요"

Q. 미내플 님이 전에 '나 이런 사람이야'를 버려야 상대가 보이고 진짜 대화가 가능하다고 하신 게 정말 인상 깊었어요. 제가 항상 대화할 때마다 '나 이런 사람이야'라는 것을 심하게 의식하고 있더라고요. 친한 친구들 사이에서 항상 돋보이려고 하고, 안 친한 친구들 앞에선 잘나가는 것처럼 보이려 애를 쓰고 있더라고요. 그걸 깨닫고 저 스스로 이런 걸 그만두고 싶다는 생각을 하게 됐지만, 그 방법을 잘 모르겠어요. 타인의 시선을 신경 쓰지 않는 방법을 배우고 싶어요.

그리고 제가 사람과 깊어지는 법을 배우지 못한 것 같아요. 저를 좋아해주고, 제 기대를 충족시키는 사람만 좋아하게 돼요. 잘 지내던 친구가 저에게 소홀할 때가 당연히 있기 마련인데, 그게 좀 지속된다 싶으면 '얜 이제 나와 관계를 유지하고 싶지 않구나. 나도 나를 안 좋아하는 사람을 멀리할래' 이렇게 겁먹고 거리를 둬버려요. 웃긴 건 그 친구가 다시 제 마음에 들면 또 좋아진다는 거⋯⋯. 그리고 꼭 저를 좋아하고의 문제가 아니더라도 좀 맘에 안 드는 행동을 하면 아무리 친한 관계라도 또 순간적으로 미워졌다, 좋아졌다 하네요.

A. 타인의 시선을 의식하지 않는 게 쉽지 않죠. 타인의 시선을 의식하지 말라는 조언은 사람들이 쉽게 하는데, 어떻게 해야 하는 것인지 알려주는 사람은 또 잘 없어요.

그러다 보니 그 말을 '인간관계는 그렇게 중요한 거 아니니까 너무 진지하게 생각하지 말고 무시해'라고 받아들이는 분들이 꽤 많더라고요.

여러분, 이러면 큰일 나요. 타인과의 관계는 정말로 중요한 겁니다. '뭐이렇게 어려워? 혼자가 편하겠네!' 이런 댓글 보면 전 가슴이 철렁해요. 이게 저는 어떻게 읽히느냐면 '돈 버는 거 왜 이렇게 어려워? 돈 없이 사는게 편하겠네!' 이렇게 읽혀요. 돈 버는 거 포기하시는 분은 없잖아요. 관계는 돈 이상이에요. 관계는 외로움을 달래주는 것 이상입니다.

어릴 때나 나이 들어서나 왜 대부분의 어려운 문제가 인간관계에서 일어나겠어요. 그만큼 인간관계가 중요하기 때문에 거기서 문제가 벌어지는 거예요. 관계가 중요하지 않다면 거기서 별문제가 왜 벌어지겠어요?

제가 보기엔 상담자가 인기에 대한 욕심이 있는 것 같거든요? 그럼 일단 그 욕구에 솔직해지세요. 인기에 욕심을 내는 건 속물적인 게 아니에요. 돈을 많이 벌고 싶은 것처럼 당연한 욕구라고 생각합니다.

자신을 의식하는 것 중에는 '난 이런 사람이야'도 있지만 '난 이런 사람이 아니야'도 있어요. 자신을 안다는 건 양쪽을 다 인정하는 거예요. '아, 내마음 안에는 어떻게 보이고 싶고, 어떻게는 보이고 싶지 않은 욕구가 있구나' 하고 말이에요. 그 욕구를 성취할지 안 할지는 본인의 선택이지만, 있는 걸 없다고 생각해서도 안 돼요.

저는 타인의 시선을 의식하지 않는 건 거의 불가능하다고 생각하고요. 중요한 건 의식하고 난 이후예요. 혹시 타인의 시선을 의식하고 거기에 즉각적으로 대응하고 인정받으려고만 하고 있나요? 아니면 타인의 시선을 의식하고도 바로 반응하지 않고 내 상황과 감정에 따라 어떻게 대응할 것인가 생각할 시간을 보내나요?

모든 사람은 타인의 시선을 의식해요. 하지만 그 시선을 받고 남들이 어떻게 생각할까 지레 겁만 먹거나, 남들이 날 좋아한다고 기뻐하거나 정도로 끝나면 관계가 너무 수동적으로 흘러갈 수밖에 없어요.

이젠 플러스알파로 내가 타인을 어떻게 바라보는지 의식하세요. 내가 무엇을 좋아하고 싫어하는지, 어떤 사람을 좋아하고 싫어하는지 솔직한 감상을 품으세요. 그러면 날 향한 타인의 시선과 타인을 향한 나의 시선 사이에서 균형을 잡으며 여유를 가질 수 있을 거예요.

그리고 관계에서 깊이를 가질 방법을 물었는데요. 흥미를 끄는 것과 깊이를 가지는 것은 다르죠. 그래도 상담자가 스스로 이 사람이 좋아졌다 싫어졌다 재는 것을 보니까 인기가 좀 있는 분일 것 같아요. 사람이 너무 고프면 이런 거 잴 여유가 없거든요.

인기가 많은 상담자에게도 많은 두려움이 보이네요. 상대방이 나한테 거리를 두는 것 같으면 겁먹어서 본인도 방어적인 태도로 나온다든가 하는 게 그렇죠. 이건 상대방에게 신뢰가 없기 때문이에요. 그럼 관계가 금세 부실해져요. '네가 좋아하니까 나도 좋아해'라는 관계에서는 신뢰를 쌓을 수 없어요.

인기에 예민하신 분들이 너무 좋은 모습만 보여주려고 하는 경향이 있어요. 이게 자기를 의식하는 거죠. 인기 있는 분들은 또 그 모습이 먹혀요! 근데 그렇게 하면 부작용이 생겨요. 자기가 생각하는 좋은 모습과 반대되는 모습은 숨긴 채 관계를 구축하는 거라 결국은 또 관계가 부실해지거든요.

자, 타인과 관계가 깊어지는 방법을 알려드릴게요. 저한테 털어놓으신 이런 고민을 친구들이랑 조금씩 나눠보세요. 모든 친구가 이런 고민에 공감하고 이해하지는 못할 거예요. 그것에 너무 실망하지 마세요. 나랑 잘 맞는 사람을 찾는 과정이라 생각하세요.

'이런 내 모습을 보면 싫어할 거야'라는 두려움이 들 수 있어요. 그런데 정작 타인은 상대방의 틈을 보면 오히려 공감하고 호감을 느껴요. 내가 숨기는 모습을 가장 싫어하는 사람은 본인입니다. 상대방이 내가 숨기고 싶어 하던 것을 보고도 아무렇지 않아 하는 모습을 보면 거기서 자존감이 올라가는 포인트가 생길 수도 있어요.

내 깊은 고민과 속내를 한 번씩 털어놓는 법을 알아야지 상대방에게서도 새로운 면을 볼 수 있고, 서로 더 알게 돼서 믿고 좋아하게 될 거예요. 그런 사람을 찾으려면 나를 드러내고 위험을 감수해야 합니다.

4장

할 일은 미뤄도
할 말은
미루지 마라

모태솔로에게
연애가
어려운 이유

난 비교적 늦게 연애를 시작했다. 스물다섯 살에 첫 연애를 했다. 연애에 대해 닫힌 태도를 보이고 있었던 것은 아니었다. 여대에 다녀서 이성을 만날 기회가 적으니 일부러 이성을 만날 기회를 늘리려고 노력하기도 했다. 다른 대학교 학생을 만날 수 있는 연합 동아리에서 활동했고, 맘에 드는 사람이 있으면 곧잘 연락도 먼저 하곤 했다. 하지만 그게 데이트다운 데이트로 이어지는 경우는 매우 적었고, 새로운 기회는 잘 생기지 않았다. 그러다 보니 '모태 솔로' 딱지가 붙은 채로 20대 초반을 보내게 됐다.

나는 그 모태 솔로 딱지가 매우 신경 쓰였다. 뭔가 부족하고 하자가 있다는 증표인 것 같았다. 나보다 딱히 예쁘지도 않고 성격이 좋은 것 같지도 않은데 항상 연애를 하거나 '썸'을 타고 있는 친구들을 보면 열등감이 생기기도 했다. 남들과 나를 비교하다가 그런 내 마음이 부끄러워서 자책까지 하고 나면 더더욱 자신이 세상 못나 보였다.

나는 쉼 없이 연애하는 친구들의 비법을 '밀고 당기기 능력'으로 보고 따라 하려고 한 적도 있다. 실제로 연애를 쉬지 않고 하던 언니가 코칭을 해주기도 했다. 자기가 남자에게 연락하는 빈도 따위나 어떤 식으로 메시지를 보내는지 알려줬다. 난 또 그걸 부지런히 따라 했고. 예상했겠지만 당연히 그 어떤 연애도 나의 어설픈 '밀당'으로 풀리지 않았다.

당시 나는 연애를 빨리 시작하고 싶은 마음이 컸지만, 동시에 두려움도 컸다. 남자와 소통하는 것 자체가 매우 긴장되는 일이라 서툴기 그지없었다. 빨리 친해지고 싶은 마음과 두려워서 도망치고 싶은 마음 사이에서 왔다 갔다 했는데, 그 표현이 굉장히 무뚝뚝하거나 맞장구만 치는 형태로 나왔다. 그때 내가 했던 밀당이라곤 메신저 답을 늦게 하는 수준이었다. 상대방은 밀당으로 느끼지도 않았을 것이다. 왜냐하면 나에게 관심이 없었으니까! 호감 표현을 어느 정도 해야 상대방도 관심을 가질 텐데, 난 그냥 연락만 하고는 지루한 일상 얘기나 하면서 혼자 밀당을 시도했다.

모든 남자에게 호감을 얻을 필요 없다

그런 나의 첫 과제는 남자를 '남자 사람'으로 보는 것이었다. 물론 실제로 이런 과제를 설정한 적은 없다. 다만 내가 남자를 '남자 사람'으로 보기 시작하면서 연애가 조금씩 풀리기 시작했으니 여기서 시작해보자.

모태 솔로인 내가 남자를 바라보면서 그냥 나와 같은 '사람'으로 대하는 건 어려운 일이었다. 내 삶을 장밋빛으로 바꿔줄 것만 같은 기대와 동시에 내 삶을 송두리째 절망으로 빠뜨리지는 않을까 하는 두려움이 있었기 때문이다. 그들의 존재는 사람이기 이전에 왕자님이거나 사기꾼이었다. 유리 구두를 믿지 않는 척했지만 저 수많은 남자 중 누가 유리 구두를 갖고 있을지, 누가 가짜 유리 구두로 날 속이려 들지 촉을 세우고 지켜봤다.

스물네 살 때는 소개팅을 자주 했다. 그런 내게 소개팅은 누가 왕자님이고 사기꾼일까 구분하려고 안간힘을 쓰는 과정이었다. 쉽게 알 수 없었기 때문에 누군가 정체를 드러내기 전까지 연락하고 있는 모든 남자와 연락을 이어가려고 애썼고, 그 와중에 답변이 오는 시간과 연락 빈도에 집착했다. 연락이 잘 이어지지 않으면 내 매력이 부족하다는 생각에 많이 위축됐다. 왕자님이든 사기꾼이든 모든 남자에게 인정받고 싶었다.

좋은 사람이 좋은 남자다

그러던 어느 날, 한 남자와의 세 번째 데이트에서 참을 수 없는 지루함을 느꼈다. 사실 그 남자와 첫 소개팅에서 이미 나와는 성향이 너무 다르다는 생각을 했다. 그래도 애프터가 들어와서 연락과 만남을 이어가다가, 세 번째 데이트에서야 이 남자와는 절대로 잘 될 일이 없다는 생각이 든 것이다. 이 남자가 설사 유리 구두를 갖고 있더라도 내 발 사이즈와는 맞지 않을 것 같았고, 사기꾼이더라도 상관없었다. 내가 좋아하지 않으니까.

이걸 깨닫고 그 남자와의 관계를 신속하게 정리했다. 그뿐만 아니라 다른 소개팅으로 만난 남자들과의 관계도 대부분 정리했다. 그리고 '그 사람을 좋아하나, 싫어하나?' 내 감정을 우선으로 봤다. 왕자님과 사기꾼을 구분하는 것은 힘들지만 내가 좋아하는지, 싫어하는지 구분하기는 비교적 쉬웠다.

그러고 나니 남자를 대하는 태도가 훨씬 담백해졌다. 내가 좋아하는 사람 중 옥석을 가리면 되는 거지, 내가 관심 없는 남자들까지 남자 친구 후보로 생각하면서 매력 어필을 위해 노력할 필요가 없었다. 내가 남자들을 편하게 대할 수 있게 되니 '남자 사람 친구'도 생기기 시작했다. 그들과 어울리다 보니 남자가 단순히 왕자님이나 사기꾼으로 양분될 수 있는 존재가 아니라는 것을 깨달았다. 그들은 왕자님이기도 하고 사기꾼이기도 했다. 완벽한 왕자님, 완벽한 사기꾼은 없었다. 좋은 남자란 좋은 여자와 마찬가지로 좋은 사람이 되려고 애쓰는 존재일 뿐이었다.

내가 그 사실을 깨달았다고 해서 연애에 대한 장밋빛 기대를 접은 것은 아니었다. 하지만 꼭 유리 구두를 가지고 있는 남자와 연애를 할 필요는 없다는 것을 알았다. 좋은 사람이 되려고 노력하는 남자도 훌륭한 연애 상대였다. 이런 생각을 할 수 있게 됐을 때 첫 남자 친구를 만났다. 기대했던 장밋빛 설렘이 가득한 연애는 아니었지만, 따뜻하고 성실한 남자가 첫 연애 상대였다는 것에 감사한다.

예쁘지 않은 그녀의 특별한 연애 비법

어렸을 때 친구들끼리 잘 풀리지 않는 연애에 대해 한탄하다 보면 가끔 나오는 얘기가 있었다.

"예쁘면 다 해결될 텐데."

정말 예쁜 여자들은 모든 게 다 쉬워 보였다. 첫 연애도 빠르고, 연애 경험이 많이 쌓이다 보니 남자를 어떻게 대해야 하는지도 잘 알고, 예쁘니까 또 남자들이 알아서 모신다. 내 주변의 많은 예쁜 친구들이 결혼도 빨리 했다. 누가 채갈까 싶어 남자 친구가 서둘러 청혼을 한 것 같았다. 빨리 결혼을 하고 싶었던 적은 없지만, 남자 친구가 그렇게 결혼에 간절하다는 것은 부러웠다.

하지만 다행히도 애초에 그쪽 길은 내 길이 아니라는 것을 알고 있었다. 그래서 예쁜 친구들을 열등감까지 느껴가며 부러워해 본 적은 없다. 오히려 내가 부러웠던 친구들은 그렇게 예쁜 외모를 가진 것도 아닌데 연애를 끊임없이 하는 친구들이었다. 처음엔 '내가 모자랄 것이 없는데'라는 열등감이 들었고, 나중엔 '도대체 저 친구들의 매력은 무엇일까?'라는 생각을 하며 관찰하기 시작했다.

사실 처음엔 잘 알기 어려웠다. 나에겐 세상 착한 친구들이 남자 친구에겐 사납고 변덕스럽기까지 했다. 그래서 '남자는 못되게 대해야 잘해주는 존재인가?'라는 의문을 가진 적도 있다.

답이 쉽게 나오지 않는 상황에서 나는 가장 쉬운 방법부터 접근했다. 외모에 관심을 두고 꾸미기 시작한 것이다. 내가 외모를 꾸미기 시작한 건 스무 살부터였는데, 잘 꾸민다고 말할 수 있을 정도가 된 건 스물네 살이 돼서였다. 결정적 계기는 네 살 많은 막내 이모와 함께 살기 시작하면서부터였다. 이모는 직장을 다니기 시작하면서 예쁜 옷들을 많이 사기 시작했는데, 나도 그 옷이 입고 싶었다. 이모는 헐렁한 55사이즈였지만, 나는 터질 것 같은 66사이즈였다. 이모는 자신의 옷을 입어도 좋다고 했는데, 대신 살을 빼고 입으라고 했다. 마침 좋아하는 남자애도 생겼던 터라 두 달 만에 8킬로그램을 빼서 이모의 옷을 신나게 빌려 입기 시작했다.

내 외모는 내 취향을 드러낸다

그 남자애와는 결국 잘 안 됐지만, 확실히 살이 빠지고 외모를 꾸미는 스킬이 좋아졌다. 그 때문일까? 나의 연애 라이프도 훨씬 나아졌다. 소개팅 애프터도 잘 들어왔고, 첫 연애도 시작했다. 외모에 자신감이 붙기 시작하자 데이트 기회가 많아졌을 뿐만 아니라, 삶의 활동 반경 자체가 넓어졌다. 동호회 활동도 참여하고 다른 사람들과 잡지를 만들거나 문화 행사를 기획하고 진행하는 프로젝트도 시작했다. 많은 사람들과 교류를 시작하면서 예상 외로 사람들이 내 목소리를 듣고 호감을 가진다거나, 대화를 나누며 내 미소나 눈빛에서 신뢰감을 갖는다는 것을 알게 됐다. 그러자 더 단단하게 자신감을 구축할 수 있었다.

또한 자신감이 높아지면서 과감하게 오프 숄더 점프 수트나 화려한 원색 드레스 등의 패션을 취향대로 시도했다. 그냥 예뻐 보이려고 갖춰 입을 때보다 주변 사람들의 반응이 훨씬 좋았다. 나중에 살이 다시 60킬로그램대로 쪘지만, 날씬한 몸매 외에 내 외모의 강점은 이미 다양하게 파악했다. 그러자 살이 쪘다는 사실 그 자체로 자신감이 떨어지거나 인간관계가 위축되는 일은 생기지 않았다.

나는 '특정 미의 기준'에 대한 강박만 없다면 외모는 강력한 표현 도구이자 무기라고 생각한다. 항상 '이렇게 예뻐야 한다'는 방식의 미의 기준에 갇힌 사람은 오히려 자신의 외모 강점을 잘 파악하지 못하는 경우가 많다. 충분히 아름다운 외모를 갖추고도 열등감과 불안에 시달릴 수 있다. 하지만 외모를 '표현 도구'의 하나로 생각하는 사람은 상황에 따라 유연하게 자신을 드러낼 수 있다. 또한 과감하게 개성을 표현함으로써 자신과 취향이 맞는 사람과 만날 기회가 많아진다.

외모가 내 연애 전선에 부정적 영향을 미치지 않게 됐는데도 여전히 내 연애는 잘 풀리지 않았다. 다가오는 남자들이 상대적으로 많아져 '아니면 그만'이라고 생각할 수 있게 된 것은 좋았지만, 막상 맘에 드는 남자와 사귄 이후에는 세상에 그 남자 한 명만 있는 것처럼 느껴졌다. 아름다워진 외모는 관계의 기회를 늘리는 데 도움을 줬지만, 내가 남자에게 느끼는 의존심과 집착은 해결되지 않았다.

· · ·

관계의 본질은 외모와 상관이 없다

그래서 다시 연애를 잘하는 사람들을 관찰했다. 예뻐져 봤는데 내가 가진 문제가 해결되지 않으니 외모라는 조건을 지우고 관찰하기 시작했다. 연애를 잘하는 사람들을 외모와 상관없이 여러 카테고리로 묶어 관찰하다 보니 답이 나왔다.

그들은 입장이 명확했다. 무엇을 원하고, 원하지 않는지 알았다. 그리고 확실히 표현했다. 자신감은 예쁜 외모에서 오는 것이 아니라 자기 자신을 아는 것에서 왔다. 내가 보기에 예쁘지 않아도 연애를 잘하는 친구들 모두 솔직하고 입장에 당당했다.

오히려 외모라는 조건을 너무 크게 봐서 관계의 본질을 놓쳤던 것은 나였다. 당당함은 어떤 조건을 갖춰야만 가질 수 있는 게 아니라, 자신의 욕구와 감정을 직시하고 인정하며 표현하는 데서 온다. 그들은 자신을 인정하기 때문에 타인도 인정할 수 있다. 좋은 부분뿐만 아니라 나쁜 부분까지도.

이걸 깨닫자 나의 미적 기준은 완전 바뀌었다. 물론 심미적으로 예쁘고 잘생긴 사람도 무척 좋다. 나 역시 심미적으로 아름답기 위해 노력하기도 한다. 하지만 이젠 그보다 당당한 사람이 제일 멋지다. 아무리 예뻐도 당당함이 부족하면 예쁘다는 생각이 들지 않는다.

확실히 구분해야 한다. 이건 특정 미의 기준에 나를 끼워 맞추는 것과는 전혀 다른 얘기다. 나를 드러내고 표현하는 수단으로 외모를 갖추는 것이다. 자신의 취향과 감성을 강하게 드러내는 패션이 최신 유행으로 무장한 것보다 더 멋지게 느껴진다. 44사이즈를 위해 항상 다이어트를 하는 사람보다 자신의 사이즈를 정확하게 알고 맞는 옷을 입는 사람이 멋있다. 자신의 목표와 그에 따른 구체적이고 현실적 계획이 있는 사람의 눈빛만큼 매력적인 건 세상에 없다. 구심점을 잡고 움직일 줄 아는 사람은 항상 빛난다.

외모는 연애의 만능 키가 아니었다. 물론 외모 덕분에 만남의 계기가 많아지고 남들보다 먼저 시행착오를 겪어 관계에 더 빨리 능숙해질 수는 있다. 또한 어쩌면 외모는 당장 상대방의 헌신을 끌어낼 도구가 될 수도 있다. 하지만 관계를 깊게 만들어주는 것은 내가 무엇을 원하는지 아는 것, 상대방이 원하는 것을 알아주는 것, 함께 원하는 것을 찾아나가는 것밖에 없다. 관계에 능숙한 사람들은 그 사실을 잘 알고 있다.

스스로 '을'을
자처하지 마라

정말 부끄럽지만, 한때 스스로 결혼 상대로 꽤 괜찮은 여자라고 생각했던 적이 있다. 지금도 나쁘지는 않다고 생각하지만, 그때와는 다른 이유다. 그때는 이런 생각을 했다.

'나는 상대방에게 나를 맞출 줄 아니까 평생 파트너와 싸우지 않고 사이좋게 지낼 수 있는 사람이야.'

당시 나에게 좋은 관계는 '갈등이 없는 관계'였다. 그래서 이상적 결혼 생활의 정의 역시 '서로를 존중하고 싸우지 않는 것'이었다. 남자 친구와 사귈 때면 불편한 일이 생겨도 먼저 이해해주고, 싸우는 일이 없도록 만들었다.

지금 생각하면 그냥 넘겨선 안 될 상황도 넘겨버리곤 했다. 한 남자 친구는 자기가 다니는 학교의 지역을 속였는데, 난 화가 났음에도 '얼마나 간절했으면 그렇게까지 했겠어?'라며 넘겼다.

또 어떤 남자 친구는 나와 만나면서 자신의 '여자 사람 친구' 얘기를 과하게 하곤 했다. 그 여자인 친구가 결혼은 자신과 하자는 말 따위를 한다며. 속이 부글부글 끓었지만 난 아무렇지 않은 척 쿨하게 넘겼다.

지금이라면 엉덩이를 걷어차고 당장 그 자리를 박차고 나왔을 일이다. 즉각 내 기분이 상했음을 알리고 이후 남자 친구의 태도를 보며 관계에 대한 존중을 확인하는 과정을 가질 것이다. 대화를 나눠보고 내 마음을 움직이지 못하면 단호하게 떠날 것이다. 그런 예민하고 거북한 순간이 관계의 생명력을 가늠해볼 결정적 순간이라는 것을 지금은 알고 있기 때문이다. 하지만 그땐 갈등이 내가 소중히 여기는 것을 다 부술 것이라고만 생각했다.

· · ·

그의 마음이 식은 이유

사실 여자 사람 친구에 대해 얘기한 남자 친구는 짧은 연애 기간 동안 내 속을 박박 긁는 말을 정말 많이 했다. "반만 긁은 복권 같다" "살을 조금만 더 빼면 완벽하게 예쁠 것 같다" 등등. 이런 말들을 칭찬인 듯 욕인 듯 내뱉으면, 나는 어떻게 반응해야 할지 몰라서 대충 칭찬으로 받아들이기로 하고 그냥 웃었다. 그러고는 그 친구가 바라는 모습이 되려고 살을 빼고자 노력했다.

실제로 난 살을 많이 뺐다. 사실 맘고생이 심해서 살이 저절로 쭉쭉 빠졌다. 그 남자 친구가 좋아하는 헤어스타일이 단발인 것 같아 항상 길게 유지하던 머리카락도 잘랐다. 또 지나가면서 좋아한다고 말했던 음식을 해주고, 언제나 다정한 어투로 말했다.

어느 날 그 친구가 "넌 결혼하기엔 진짜 좋은 여자 같다. 우리 부모님은 널 정말 좋아하실 거야"라고 얘기했다. 드디어 내 고생이 보상받기 시작하나 싶었다. 하지만 얼마 뒤에 난 차였다.

'결혼하기엔 좋은 여자' '부모님은 좋아할 여자'라니, 지금 생각하면 차라리 쌍욕을 듣는 게 나을 것 같다. 그 수식어가 설명하는 여자는 '결혼하고 싶은 여자' '부모님도 좋아할 여자'와는 전혀 다른 사람이다. '너 매력 없고 부담스러워' '너랑 데이트는 하지만 가족이 될 일은 없을 거야'라는 말을 돌려서 얘기한 것이었다.

놀랍게도 그 연애는 남자 친구의 엄청난 구애로 시작한 것이었다. 섹시한데 지적이고 대화까지 잘 통하는 사람은 처음이라며 찬사를 아끼지 않았고, 나를 위해 훌륭한 데이트를 준비하곤 했던 남자였다. 하지만 막상 연애가 시작되자 그 뜨거운 열정은 온데간데없이 사라졌다. 나는 뜨거워지고 그는 차가워진 것이다.

지금은 그의 열정이 사라진 이유를 알 것 같다. 섹시하고 지적이고 대화까지 재밌던 여자가, 사귀고 나니 하루아침에 태세를 바꿔 당장 결혼할 준비가 된 예비 조강지처처럼 참하게 행동한다면 어떨까? 사귀고 나니 자신이 호감을 가진 이유와는 전혀 다른 여자가 돼있다면? 심지어 아직 서로를 잘 모르는데 결혼을 내심 간절히 바라는 게 보인다면? 내가 전 남자 친구였다면 더 빨리 도망쳤을 것이다.

- - -
결혼하기에 괜찮은 여자는 없다

그때 난 결혼하기에 괜찮은 여자이긴커녕, 사귀기에도 별로 좋은 사람이 아니었다. 독립적인 사람인 척했지만 일단 연인이 생기면 엄청난 기대를 품었고, 제대로 알기도 전에 내심 결혼에 조바심을 냈으며, 갈등을 삶의 일부로 받아들일 줄 몰랐기 때문이다.

소중한 연인과의 갈등이 너무나 두려운 나머지 이해심 넘치는 '조강지처 페르소나'를 미리 만들어놨고, 서로를 알아가야 할 순간에 그 가면을 쓰고 상대방을 대했다. 그 가면은 상대방이 내가 진짜 어떤 사람인지 알 수 없게 만들기도 했지만, 동시에 내가 상대방의 진면모를 알 수 없게 만들기도 했다.

처음에는 '어떻게 이렇게 착한 여자 친구를 찰 수 있느냐'라는 생각에 날 찼던 남자 친구를 나쁜 남자로 만들기 여념 없었다. 물론 지금도 그의 말들이 부당하다고 생각한다. 하지만 나중엔 내가 그를 나쁘게 내몰았던 면이 일정 부분 있다는 것도 인정하게 됐다. 일방적으로 나쁜 연애를 경험한 이들에게 "너에게도 문제가 있었다"고 책임을 지우려는 게 아니다. 어디까지나 정상적인 연애와 이별을 경험한 연인들의 얘기다. 같은 실수를 거듭하지 않기 위해서라도 정확한 자기 관찰이 필요하다고 생각했다.

한쪽이 착한 사람이 되면 한쪽은 나쁜 사람이 되기 마련이다. 그는 가능성이 보이지 않는 관계를 냉정하게 정리하는 나쁜 남자의 역할까지 도맡아 했다. 내가 그의 죄책감을 자극하며 헤어지자는 그를 간절하게 붙잡았던 것을 생각하면 나쁜 남자 역할도 쉽지만은 않았을 것이다.

그 이후로 결혼을 향한 내 욕망에 솔직하기로 하되 '결혼하기에 괜찮은 여자'가 되는 건 완전히 포기했다. 노력해서 그런 여자가 된다고 한들, 결혼 후에도 항상 가면을 쓰고 살아야 하니까 결국 자기 자신과 가족 전체를 불행하게 만들 것이다.

이제는 그냥 생긴 대로 연애하고 생긴 대로 살 것이다. 그러면 결혼한다고 해도 생긴 대로 남편과 살겠지. 좋은 부인이 될 수 있을지는 모르겠지만 정직하고 솔직할 자신은 있다.

결혼 전
진짜 준비해야
할 것들

30대에 접어들면서 결혼에 대해 사뭇 생각이 많아졌다. 주변에는 결혼을 하고 아이를 낳는 친구들이 많아졌다. 이젠 친구들의 얼굴을 꼭 닮은 아이들에게 이모로 불리는 일이 전혀 어색하지 않다. 자신의 집에서 남편과 함께 나를 맞이하는 친구들의 모습도 이젠 익숙하다. 그렇게 자신의 가족 안에서 안정을 찾아가고 있는 친구들을 보면 부럽다.

물론 결혼이 보이는 것 이상이라는 사실도 안다. 결혼한 친구들은 사생활이 거의 사라졌다. 저녁 늦게까지 길게 수다를 떨고 하염없이 시간을 보내는 일이 사치가 됐다. 혼자 계획을 세우는 일도 힘들다. 이직을 하든, 여행을 하든, 무엇을 배우든, 그 어떤 계획을 세우더라도 가족을 변수로 둬야 한다. 주말마다 가족의 경조사에 빠짐없이 참석하는 것도 쉽지 않을 테다.

한 지붕 아래 사는 배우자와의 갈등도 힘든 일일 것이다. 연인에 대한 불만을 나에게 하소연하던 친구들도 결혼 후에는 가족이 된 배우자에 대한 불만을 쉽게 털어놓지 않았다. 그리고 참다못해 불만을 털어놓을 땐 그 무게가 무거웠다. 내 몸 하나 책임지면 그만인 싱글이 감히 감당하기 힘들 정도의 심각한 문제인 경우가 많았다.

돈 얘기가 나오고 배우자의 가족 얘기가 나온다. '무책임'이라는 단어가 나온다. 그런 얘기를 들었을 때 연인이라면 헤어지라고 쉽게 말할 수 있지만 부부에게는 할 수 없다. 헤어지면 이혼이다. 이혼이 아무리 흔해진 시대라고 해도, 이혼이 개인에게 남기는 상처까지 가벼워진 것은 아니다. 아이까지 있다면 더할 것이다. 그들도 알기 때문에 남에게 하소연하는 일이 적어지는 것이다.

몇몇 친구는 자유로운 싱글의 삶을 매우 부러워하기 때문에 내가 결혼하고 싶다는 얘기를 하면 질색 팔색을 하며 말린다. 그들은 결혼이 상상할 수 없는 삶의 무게를 지는 것이라며 잘 생각해보라고 한다. 그러면 난 안심하라고, 지금 남자 친구도 없다고 말하곤 한다.

결혼이 담보로 하는 것

나도 결혼이 얼마나 비싼 비용을 치르는지 알고, 결혼 후에 확장된 가족 안에서 얼마나 많은 역할들이 당연한 것처럼 만들어지는지 알며, 특히 아이가 생겼을 땐 내가 무엇을 상상하든 그 이상의 책임이 생긴다는 것을 알고 있다. 우리 부모님은 서른세 살 딸을 아직도 가끔은 열세 살짜리처럼 걱정하신다. 그렇게 평생 걱정할 상대가 생긴다는 것은 분명 두려운 일이다.

동시에 평생 걱정할 정도로 소중한 상대를 만나고 싶다는 욕심도 있다. 그게 파트너여도, 아이여도, 반려동물이어도 좋다. 그리고 그런 소중한 상대를 향한 책임을 감당할 수 있을 정도로 강해지고 싶다고 생각한다. 그 책임의 형태가 결혼이라면 마땅히 그 힘든 선택도 하고 싶다는 내 생각은 너무 이상적이고 순진한 것일까?

나는 내 친구들이 결혼 후에 얼마나 강한 사람이 돼가고 있는지 직접 보고 있다. 그들은 여유 없는 삶과 가족을 지키는 일의 고단함에 대해 얘기하지만, 동시에 책임을 다하며 강해지고 있다. 사회에서 자신의 존재가 옅어짐을 걱정하지만, 가족 안에서 무의식까지 새겨질 존재감을 드러내고 있지 않은가?

물론 이상적인 얘기일 수도 있다. 세상엔 전쟁처럼 시끄럽고 불안한 가족도 너무 많다. 그리고 나도 그런 가족에서 자랐다. 부모님을 보면서 너무 무거운 삶의 무게는 사람을 이상하게 만들 때도 있다는 것을 알게 됐다. 경제적 위기를 겪으며 그들은 내가 글로 묘사하기 힘들 정도로 심하게 싸웠다. 스무 살이 되었을 때 내가 그들에게 직접 이혼을 권한 적이 있을 정도였다. 그들이 서로 때문에 더 이상 상처받지 않고 살길 바랐다. 그들의 갈등 때문에 나도 그만 상처받고 싶었다.

하지만 그들은 계속 함께 살기로 결정했고, 함께 살기 위해 많은 것을 변화시켰다. 경제적 상황도 개선했고, 말하는 태도도 바꿨다. 그래서 더 이상 예전처럼 심하게 싸우지는 않았다. 그렇다고 해도 묵은 감정에서 쿨해질 일은 절대 없다는 것을 알기에 가끔씩은 가족의 울타리를 지킨 게 정말 좋은 결정이었을까 싶을 때도 있다. 하지만 부모님이 가족을 지키기 위해 끈질기게 노력하는 모습을 보면서 긴 인생을 사는 한 명의 인간으로서 배운 게 많다.

관계에서든 삶에서든 최악의 순간에도 끝이라고 포기하지 않고 나아가고자 노력한다면, 완벽하지는 않아도 나름의 변화가 있다는 것을 배웠다. 그래서 난 진심으로 부모님을 존경한다. 진심으로 부모를 존경하는 자식을 가진 것도 그들의 가족을 향한 끈질긴 노력으로 얻은 보상이 아닐까 싶다.

모든 일은 자신만의 때가 있다

사실 이렇게 결혼이 하고 싶고 가족 안에서 의미를 찾고 싶다고 아무리 얘기해봤자, 결국 연과 운이 닿아야 하는 것이 결혼이라고 생각한다(난 운명론자다). 솔직히 지금까지 내 삶의 흐름을 보면 연애가 결혼까지 풀리지는 않았던 것이 오히려 다행이다.

만약 크고 안정적인 직장이었던 대형 언론사를 다녔을 때 오래 사귄 남자 친구가 있었다면, 회사를 그만두지 않았을 수도 있다. 저금리 전세 대출과 출산 휴가 1년을 확실히 보장해주는 회사니까. 그렇게 그 회사를 다니며 남자 친구와 결혼했다면 이렇게 영상 콘텐츠를 만들며 많은 사람들과 소통하고 책까지 쓸 일은 없었을 것이다. 내가 콘텐츠를 만드는 일에서 나름의 책임감과 사명감을 느낀다는 점을 생각하면, 그때 연애가 안 풀렸던 것은 잘 된 일이었다.

일어날 일은 일어날 것이고, 겪어야 할 일은 겪어야 할 것이다. 그리고 결혼이 겪어야 할 일의 과업으로 다가온다면 지금 콘텐츠를 만드는 일을 하듯, 그 이상으로 열심히 풀어나갈 것이다. 최선을 다해 내 가족을 지킬 것이다. 물론 기대처럼 쉽게 풀리지 않을 가능성이 크지만 말이다. 그래도 괜찮다. 분명 가치 있을 것이다.

주고받음이
없는 관계의
불편함

보스들이 짝사랑 때문에 고민 사연을 보내는 경우가 꽤 많다. 그럴 때마다 내가 자주 하는 말이 있다.

"짝사랑이 짝사랑이 아니게 만들어 버리세요. 고백하세요!"

그런데 사실 난 무작정 하는 고백이 큰 효과는 없다는 것을 알고 있다. 오히려 상대방으로서는 꽤 부담을 느껴 역효과를 불러올 수도 있다고 생각한다. 하지만 짝사랑으로 고민하는 사람들은 감정 표현을 극도로 못하는 사람들이 많다. 그렇게라도 표현의 물꼬를 트는 경험을 했으면 해서 일단 고백을 권하곤 한다. 무엇보다 고백을 한 이후에 크게 별일이 생기지 않는다는 것도 알기 때문에 자신 있게 권하는 편이다.

나는 짝사랑 고백을 두 명에게 해봤다. 그중 한 명에겐 두 번이나 고백했다. 한 번은 마음을 고백했고 한 번은 사귀고 싶다고 고백했다. 마음을 고백하고 사귀는 것은 어려울 것 같다는 그의 답변을 받았지만, 그 이후로도 다정하게 잘해주길래 또 사귀자고 고백했다. 엄청 질척거렸다. 그 친구는 두 번째 고백에서 꽤 냉정하게 거절을 했다. 거절하고 돌아서는 그 친구에게 오기로 "난 포기하지 않을 거야"라고 엄포를 놨다. 그때 너무 긴장한 나머지 손이 떨려서 음료수를 쏟기도 했다. 지금 생각하면 너무 웃기다. 재밌는 추억이다.

고백이 성공한 적은 없다. 모두에게 거절당했다. 하지만 후회한 적은 없다. 일단 감정적으로 후련했고, 상대방의 감정을 확인하면 어떤 형태로든 정리할 수 있었기 때문이다. 짝사랑 상대의 마음을 애매하게 추측하고 있을 때는 감정을 정리할 수 없지 않은가? 긴가민가할 때 가장 괴로운 법이다. 물론 고백 후에 거절당하면 상처를 받을 수는 있지만, 나는 스스로 내 마음을 정직하게 대변했다는 생각에 자신이 기특하고 자랑스러웠다.

내 뜨거운 감정을 고백하면 무슨 큰일이라도 일어날 것 같지만, 막상 그런 일은 일어나지 않는다. 생각보다 상황은 덤덤하게 흘러간다. 그가 내 마음을 알았다고 드라마가 펼쳐지지도 않는다. 고백 받은 사람도 생각할 시간을 갖기 마련이기 때문이다.

짝사랑 고백이 늘 갑작스러운 이유

내 고백은 갑작스러운 경우가 많았다. 왜냐면 이성에게 내 감정을 그때그때 잘 표현하지 못했기 때문이다. 타이밍을 찾으며 내 감정이 받아들여질 수 있는 환경이 아니면 표현하지 않았다. 감정을 차곡차곡 쌓아 답답함이 참을 수 없을 정도가 되면 고백했다. 나 혼자 타이밍을 찾다가 갑작스레 마음을 전달한 것이다.

그러니 상대방으로서는 좀 당황스러운 경우가 많았을 것이다. 나와 상대가 가진 감정의 무게가 너무 달라 부담스러웠을 테다. 혼자 차곡차곡 쌓은 감정을 봇물 터지듯 표출하면 좀 위협적으로 느껴질 수도 있다. 그런 고백이 거절로 이어졌다는 것을 이제는 이해할 수 있다.

하지만 고백이라는 어색한 상황이 끝나고 상대방도 집으로 돌아가면 여러 가지 생각을 하게 된다. 원래 모르는 사이도 아니고 그도 나를 꽤 괜찮은 사람이라고 생각했을 테니까 말이다. 내 나름대로는 누울 자리를 보고 발 뻗는 시도를 한 것이었다. 날 싫어하는 것 같은 사람을 좋아해본 적은 없다.

그러다 보니 그는 나에게 미안해서 오히려 더 신경을 써주기 시작한다. 자신에게 감정을 터놓은 사람이라는 생각에 오히려 자신의 감정도 나에게 터놓기 시작했다. 본인이 거절해놓고는 오히려 나에게 마음을 열고 다가오는 것이었다.

처음에는 상대방이 친근하게 다가오는 태도를 보고 굉장히 의아하게 생각하고 내가 만만하게 보이나 싶어 화도 좀 났다. 하지만 나도 이미 차인 입장에서 더 나빠질 것이 없는 사이라고 생각하니 편해졌다. 그러다 보니 시간이 흘러 꽤 친밀한 관계가 됐다. 연인은 아니지만, 속 터놓을 만한 우정이 생겼다. 내가 예상하고 바라던 것은 아니었지만, 꽤 훌륭한 관계가 생긴 것이다.

물론 처음부터 미련 없는 쿨하고 드라이한 우정은 아니었다. 하지만 로맨틱한 마음의 지분율이 있다 하더라도 우정은 우정이다. 물론 끝은 있을 수 있다. 연인이나 배우자가 생기면 가깝게 지내지는 않을 것이다. 하지만 내 삶에서 중요한 어떤 시기를 공유하고 있는 사람이 줄 수 있는 공감과 위로를 굳이 차단할 필요는 못 느끼겠다. 계기가 생겨 로맨틱한 관계로 발전한다면 그건 그것 나름대로 좋은 일일 테고 말이다.

· · ·

사랑에는 표현이 중요하다

사랑엔 타이밍이 있다. 계기는 쉽게 마련되는 것이 아니다. 내가 짝사랑을 우정으로 바꾸었을 때에는 그와의 로맨틱한 타이밍이 이미 지나갔음을 알고 있었다. 나는 다행히도 지나간 것을 하염없이 기다리는 미련은 없다. 내 마음은 언제나 다음으로 향한다.

이제 난 짝사랑에 갑자기 고백하는 일은 하지 않을 것이다. 왜냐하면 이젠 그때그때 내 감정을 표현할 수 있게 됐기 때문이다. 감정을 홀로 차곡차곡 쌓으며 그것을 '짝사랑'이라고 부르지도 않을 것이고, 상대방의 감정을 확인하지 않은 채 데이트다운 데이트도 없이 사귀자고 할 일도 없다. 그때그때 나에게 좋은 감정을 안겨주는 사람에게 사랑스러운 표현의 말을 해주려 노력할 것이고, 거기에 관계에 대한 과도한 기대는 담지 않을 것이다. 내 표현에 흔들리는 사람은 더 다가와 줄 것이고 지나갈 사람은 지나갈 것이다. 그래도 된다.

중요한 것은 내 마음 안에 다정함과 사랑이 있다는 것이다. 곁에 어떤 사람이 있든, 누가 있든 없든 나는 그 소중한 감정을 지켜야 한다. 그것을 지키는 방법은 켜켜이 숨기고 쌓는 것이 아니라 잘 표현하는 것임을 이제는 안다.

당신도
누군가에게
상처를 줄 수 있다

'나쁜'이라는 수식어는 달갑지 않다. 하지만 연애에서 나쁜 여자 혹은 나쁜 남자가 돼보는 것은 나쁜 경험이 아니다. 가능하다면 꼭 해봤으면 한다.

많은 사람이 상처를 극복하는 법을 간절히 찾는다. 자신이 입은 상처로부터 회복되고 행복한 삶을 살길 바란다. 하지만 누군가를 상처 입힐까 경계하는 법을 찾는 사람은 매우 적다. 많은 사람이 자신도 누군가에게 엄청난 치명타를 입힐 수 있는 존재라는 것을 모르고 산다.

사람들은 자신의 취약함은 쉽게 깨닫지만, 자신의 영향력은 과소평가하고 때로는 외면하기도 한다. 엄청난 인지 부조화다.

세상엔 상처의 수만큼 아프게 만든 사람이 있다. 나는 그런 사람이 아닐 거란 생각은 엄청난 오만이다.

연애는 내가 누군가에게 상처를 줄 수 있는 존재임을 확인하는 가장 흔한 계기임을 기억해야 한다. 가족이 아닌 타인이 이렇게 서로를 향해 영향력을 적나라하게 행사하는 관계도 드물기 때문이다.

* * *

나쁜 여자, 나쁜 남자의 태도

연애에서 나쁜 여자, 나쁜 남자가 가진 태도는 어장 관리 따위가 아니다. 자신의 감정에 군더더기 없이 솔직하고 책임지는 태도를 보이는 것이다. 상대방이 얼마나 좋은 사람이든 나에 대한 애정이 얼마나 깊든, 상대방을 향한 애정이 식었다면 솔직하게 멀어지고 기꺼이 정리하는 태도다.

예전에 꽤 연상인 남자와 데이트했던 적이 있다. 10살이나 많은 사람은 만나본 적이 없어서 호기심에 연락하기 시작했던 사람이었다. 하지만 딱히 10살 연상이라고 성숙한 느낌이 들지도 않았고 공통 관심사도 거의 없어서 대화가 너무 재미없었다. 하지만 그 사람의 생각은 나와 달랐는지 수시로 연락이 오기 시작했다. 심지어 사귀지도 않는데, 나의 일정을 체크하며 내 삶에 관여하는 태도를 보이기 시작했다. 나는 그 사람과 연락을 하면서도 지루한 티를 많이 냈다고 생각했는데, 그는 아랑곳하지 않았다.

이런 상황이 처음이라서 어떻게 해야 할지 혼란스러웠다. 그 남자가 짜증나고 무섭기까지 했지만, 10살이나 많으니 예의를 지켜야 할 것도 같았다. 그저 좋다고 하는 행동인데 내가 너무 거북하게만 받아들이나 싶었다. 그러던 어느 날, 그 남자가 독단적으로 데이트 날짜를 정해버렸고, 거절의 말을 찾지 못했던 나는 만남을 승낙해버렸다.

데이트 장소로 향하며 메시지를 주고받는데, 그는 마치 내가 여자 친구라도 된 것처럼 느끼한 멘트를 날리기 시작했다. 그날 당장 사귀자고 할 기세였다. 갑자기 화가 머리끝까지 올라왔다. 느끼한 멘트를 보니 구역질이 났다. 난 그 남자가 그냥 싫었다. 10살이 어려져도 싫을 것이고 잘생긴 연예인 얼굴을 하고 와도 싫을 것 같았다.

그래서 그러면 안 되지만 약속 장소까지 가서 핸드폰 전원을 끄고 근처의 도서관에 숨었다. 조용한 도서관에서 나도 모르게 자꾸 웃음이 새어 나왔다. 나중엔 도서관 벤치에 나와서 정신이 나가기라도 한 것처럼 혼자 박장대소를 하며 웃었다. 그때는 바람맞은 그 사람에게 별로 미안하지도 않았고 통쾌했다. 그때까지 이성을 내 쪽에서 정리한 것은 태어나서 처음이었다. 내가 감정에 거슬린다는 이유만으로 그런 행동을 할 수 있는 사람이라는 것도 처음 알았다.

약속 시각 한 시간 후에 핸드폰을 켜니 전화 열 몇 통과 긴 메시지가 와있었다. 그는 혹시 아프냐며, 어떤 문제가 있으면 알려달라고 했다. 난 오늘 약속에 나가지 않은 건 미안하다며, 앞으로 만날 생각이 없다고 짧게 답했다. 내 마음 안에 그 남자는 아니라는 확신이 있었고, 그 확신을 변명처럼 구구절절 설명하고 싶지도 않았다. 무언가 설명까지 해야 할 만큼 히스토리가 있는 관계도 아니었다. 단 한 번의 만남이었고 연락을 좀 주고받았을 뿐이었다.

그는 이해하지 못하고 계속 연락이 왔다. 처음엔 좀 미안했는데 나중엔 무척 화가 났다. 나는 무례한 행동에 대해 사과도 했고 관계에 대한 내 의사도 밝혔다. 그런데 그는 아무 일도 없었던 것처럼 연락이 오고 SNS와 메신저를 통해 내 동향을 감시하고 있었다. 결국, 난 다시는 연락하지 말라고 사나운 어투로 쏘아붙이듯 얘기해야 했고 모든 연락망을 차단해야 했다. 내가 상대방을 이성적으로 싫어한다고 냉정한 말과 행동을 하는 게 기꺼운 것이 아니다.

감정에 솔직해지자

그 일을 겪으면서 날 찼던 전 남자 친구에게 했던 행동을 많이 돌아봤다. 물론 그와 나는 연인 사이였고 나름의 유대감이 있는 관계였지만, 헤어짐 앞에서 내가 했던 행동은 내가 만난 10살 연상의 남자와 비슷했다. 헤어지자는 그의 의사를 존중하지 않았고, 그의 애정이 식었다는 사실을 받아들이지 않았다. 관계를 위해 끝까지 노력하지 않는 그를 탓했다.

하지만 사실 나는 관계에 대해 가지고 있던 내 로망을 깬 그에게 화가 났던 것이다. '공주님은 영원히 왕자님과 행복하게 살았답니다' 식의 연애에 대한 동화적 로망을 깬 그가 괘씸했던 것 아닐까. 왕자로 대해줬건만 공주를 떠나다니, 고얀 놈!

하지만 내가 붙잡았다고 그 남자 친구가 착한 남자 노릇하며 만나줬다면 뭐가 좋았을 것인가? 애정 없는 관계의 허울만 붙잡고 괜찮은 척 지내면 뭐가 좋단 말인가? 나도 그도 더 사랑받을 자격이 있는 사람이다. 그 관계 안에서는 양쪽 다 그저 불행했을 것이다. 연애는 동정심으로 하는 것이 아니다.

그 10살 연상의 남자는 나중에 뒤에서 내 뒷말을 은근히 하고 다녔다. 내가 바람맞힌 얘기 말고 다른 트집을 잡아 내 뒷말을 했다. 아마 자신이 바람 맞았다는 사실을 떠들고 싶지는 않았던 것 같다. 좀 짜증났지만 한편으로는 그가 이해되기도 했다. 내가 그 날 상식 이상으로 많이 무례했던 것은 사실이다. 하지만 무례하게 행동할 정도로 '난 그 남자가 싫다'는 감정에 충실하고 싶기도 했다.

그때의 나는 타인에게 못되게 굴더라도 남에게 비위를 먼저 맞추는 관성을 끊어내야만 했다. 지금이라면 그렇게 행동하지는 않을 것이다. 이제는 그 관성을 끊어냈기 때문에 상식선 안에서 정중하게 행동할 수 있다. 아마도 약속 장소에 나가서 커피 한 잔 정도 마시고 바로 일이 생겼다며 헤어지고 더 이상 데이트 의사가 없음을 알려줬을 것이다. 정중하지만 단호하게 말이다.

선택과
시행착오를 통해
성장하는 법

흔한 연애 조언들이 있다. 아무래도 난 여자라서 이런 얘기를 많이 들었다. 잘생긴 남자를 조심해라, 착한 남자를 만나라, 너에게 잘해주는 남자를 만나라, 너무 나이 많은 남자를 만나지 마라, 너무 어린 남자를 만나지 마라, 장거리 연애는 하지 마라 등등.

그래서 고민 사연 중에는 그런 '만나서는 안 될 남자' 스테레오 타입을 좋아하게 돼서 두렵다고 조언을 얻고자 하는 경우가 많다. "잘생겨서 얼굴값을 할 것 같은 남자와 만나게 돼서 걱정이 돼요" "나이가 많다고 주변에서 반대해요" "나이가 어려서 내 상황을 잘 이해하지 못하는 것 같아요" "장거리 연애를 시작했는데 잘 될 수 있을까요?" 같은 사연이다.

난 고민 상담을 할 때 어떤 선택을 하지 말라는 얘기를 잘 하지 않는다. 마땅히 겪어야 할 시행착오를 겪지 못할 수 있기 때문이다. 나는 사람들이 성공과 실패를 생각하기 전에 시행착오라는 단어를 먼저 가슴에 품었으면 한다. 우리는 성공과 실패를 결과라고 생각하지만, 사실 삶 전체에서 보면 어떤 순간일 뿐이다. 시행착오 끝에는 배움이 있고 언제나 다음 무대가 존재한다.

난 사람들이 시행착오를 겪으며 자신만의 훌륭한 답을 선택하는 능력이 있다고 생각한다. 하지만 우리는 어려서부터 무엇이 옳고 그른지 재단하는 법부터 배운다. 나아가 무엇이 성공이고 실패인지 배우기 때문에, 틀린 선택에 대한 두려움이 엄청나게 강한 상태로 삶을 살아나가게 된다. 두려움이 강한 상태에서는 단호한 선택을 내리기 힘들다. 내 가슴을 흔드는 시행착오를 발견해도 무시하는 불상사가 생기는 것이다. 안전한 길을 '옳은 길'이라고 여기면서 말이다.

· · ·

연애는 시행착오로 이루어진다

그런 두려움을 극복하는 훌륭한 계기가 돼주는 것이 연애다. 부모의 말만 들으면서 살아온 사람도 사랑 앞에서는 엄청난 용기를 발휘한다. 그 선택이 너무 뜬금없고 즉흥적으로 보이기 때문에 주변 사람들의 반대에 부딪히기도 한다. 그래도 가슴을 움직이는 선택을 하는 용기가 직관이다. 어떤 시련을 겪더라도 이겨내겠다는 의지가 직관이다.

우리나라처럼 성공과 실패에 대한 기준이 한정적이고 그에 따른 교육 체계가 억압적인 사회에서 두려움을 극복하는 계기를 가질 기회는 너무 귀하다. 많은 사람이 두려움과 타협하고 '안전해 보이는' 길을 가면서 삶의 무의미를 견딜 수 없어 한다. 그런 사람들에게 나는 연애가 연애 이상의 기회가 될 수 있다고 생각한다. 갑갑하고 빤한 자신을 극복하고 완전히 새로운 선택을 통해 겪어보지 않은 종류의 시행착오를 가질 기회 말이다.

"그러다가 씻을 수 없는 상처를 입으면 어떡하느냐?"고 되물을 수도 있다. 사실 연애에서 입은 상처는 정말 아프다. 나를 바닥으로 내리꽂는다. 하지만 용기 있는 결정을 내릴 때는 분명 어떤 시련을 겪더라도 이겨내겠다는 다짐도 함께 했을 것이다. 그 다짐을 꺼내야 한다. 당신은 틀린 결정을 내렸던 것이 아니라 위험을 감수하고 결정을 내렸을 것이다. 그런 용기 있는 자신을 믿어야 한다. 그럼 반드시 회복할 수 있다.

어차피 우리는 반드시 상처로부터 회복하는 법을 배워나가야 한다. 어떤 관계든 이별은 있다. 백년해로한 부부도 죽음이 그들을 갈라놓는다. 시련을 극복하는 법을 익히면 그 어떤 것보다 탄탄한 자기 신뢰를 얻을 수 있다. 내가 멋진 사람이라는 자기 신뢰보다 나는 시련을 극복할 수 있다는 자기 신뢰가 훨씬 믿음직하다.

세상을 단순히 옳고 그름에 의지해서 살 수는 없다. 삶에는 정석이 없다. 정답을 찾지 않으면 오답에 대한 두려움을 지울 수 있다. 그럼 당신이 가진 고유의 직관이 꿈틀거리기 시작할 것이다. 그 직관이 당신이 겪어야 할 시행착오를 알려주고 가야할 길을 비춰줄 것이다.

그러니 여러분, 연애하시라. 남들의 흔한 연애 조언에 겁먹고 귀하디귀한 날것의 감정과 직관을 외면하지 마시라.

끌리는 사람을 보면
내가 어떤 사람인지
보인다

난 어떤 남자를 만나면 나와 인연이 생길 것 같다는 강한 직감을 느끼곤 했다. 당장 설레는 감정이 드는 것이 아니라도 '나, 이 남자랑 뭔가 있을 것 같아'라고 생각한다. 그 생각이 들고 한참 뒤에 좋아하게 된 적도 있었다.

어렸을 땐 그게 단순히 첫눈에 반하는 것이라 생각했다. 항상 자신의 외모를 잘 꾸미는 사람에게 그런 느낌을 받았기 때문에 그냥 반한 것으로 생각할 만했다. 하지만 결국 그런 직감을 느끼는 사람과는 인연이 깊어졌고 사귀게 된 일도 있었다.

그런 직감을 느꼈던 사람에 대해 새삼 공통점을 찾았던 것은 2년 전쯤이다. 그때도 그렇게 반한 남자가 있었고, 잘 이어지고 싶어서 한참 고민했다. 친구와 그에 대한 대화를 나누다가 그 친구가 내가 관심 있는 남자의 사진을 보더니 새삼 '너도 남자 스타일이 대쪽 같구나'라고 하는 것이다. 그러고 보니 외모가 제각각이어서 잘 몰랐는데, 차림새부터 성향까지 꽤 비슷했다.

• • •

직감이 말하는 성향

내가 본능적으로 끌렸던 남자들은 단순히 옷을 잘 입는 게 아니라 옷 관리도 잘했다. 집에 놀러 가면 정리 정돈도 아주 깔끔하게 돼있었다. 심지어 요리도 나보다 훨씬 잘하는 경우가 많았다. 다들 말도 잘하고 사회생활 달인처럼 행동했지만, 사실은 엄청나게 내성적인 성격이었다. 실제로 예술을 업으로 삼은 남자는 없었는데, 다들 예술가 타입이었다.

내 친구들은 그런 남자와 피곤해서 어떻게 만나느냐고 그랬는지만, 사실 난 그런 사람이 편했다. 그런 남자들의 섬세함이 실제로 나에게 큰 도움을 주는 경우가 많았다. 가끔 일을 할 때 열정이 과해서 몸 상태를 해치며 작업을 하는 경우가 있다. 보통 주변 사람들은 내가 열심히 뭔가를 한다고만 생각하는데, 그런 남자들은 내가 몸 상태를 해치고 있다고 정확하게 알려주곤 했다.

반대로 나도 상대방의 예민한 심리를 잘 파악해 어루만져주는 편이었다. 좀 예민한 성향의 사람들은 불안만 잘 다독여주면 그때그때 자기표현을 잘하는 편이라 오히려 소통할 때 편했다.

· · ·

내 파트너의 조건

결국, 난 앞으로도 비슷한 유형의 파트너를 만날 가능성이 크다고 생각한다. 그런 사람이 나타나면 내 촉이 반응하기 때문이다. 게다가 지금까지 그런 사람들과 계속 엮이며 그들과 어떻게 지내야 하는지도 꽤 알게 됐다.

만약 본능적으로 끌리는 사람이 나타난다면 가깝게 지내면서 상대가 어떤 사람인지 유심히 살펴보길 권한다. 정보가 쌓이다 보면 어떤 사람에게 끌리는지 유형이 생길 것이고, 결국 그것을 통해 내가 관계에서 어떤 것을 바라는 사람인지도 알게 된다.

사실 나이가 들면서 파트너의 조건을 본다는 게 다 이런 것이다. 사람들이 정확하게 표현을 잘 못해서 "재력이 중요하다" "성격을 본다" "대화가 잘 통해야 한다"라는 식으로 말하는 것일 뿐이다. 나이가 들어서도 조건을 안 본다고 하는 사람은 사실 자기 자신을 잘 파악하지 못했을 가능성이 크다.

대화와 섹스의 공통점

사람들은 왜 속궁합이 중요하다고 할까? 그건 아마도 사람들이 은연중에 섹스의 중요한 속성을 알고 있기 때문일 것이다. '느낀 척'하며 상대방을 속일 수 있을지는 몰라도 자신은 속일 수 없다. 섹스를 할 때 드러내는 건 알몸만이 아니다. 신체 반응은 꾸밀 수가 없다. 섹스는 매우 적나라한 커뮤니케이션이다.

그럼 속궁합을 좋게 만들려면 어떻게 해야 할까? 섹스가 커뮤니케이션이라면 일상에서 나누는 대화 방법에서 그 해답을 찾을 수 있을지도 모른다.

우선 대화를 나눌 때 최악의 대화 상대가 어떤 사람인지 생각해보자. 바로 자기 얘기만 하는 사람 아닌가? 자기 할 말만 하고 타인의 얘기는 듣는 둥 마는 둥 하는 사람의 행동을 섹스에 대입해 상상해보자. 그런 사람의 섹스는 자신의 욕구만 채우고 자위처럼 끝날 것 같다. 자위처럼 섹스한 건 본인이면서, 충만함을 느끼지 못한 공허함에 더 나은 섹스를 찾아 다른 사람을 찾아 나서려고 할지도 모른다.

타인에게 빈틈을 보이기 싫어하고 대화할 때 자기 검열이 많은 사람의 섹스를 상상해보자. 그런 사람은 섹스 중에도 자신이 어떻게 보일까 걱정하며 관계에 몰입하지 못할 것 같다. 본인이 온전히 집중하지 못한 것은 생각 못하고 혹시 자신이 불감증인가 싶어 엉뚱한 고민까지 시작할지도 모른다.

- - -

누구에게나 좋은 모델은 없다

그럼 좋은 대화에서 얻을 수 있는 힌트는 무엇이 있을까? 우선 '좋은 대화'가 무엇인지 생각해봐야 한다. 내가 생각하는 좋은 대화의 구성 요소는 자기 자신의 솔직함, 솔직한 상대방, 함께 만족을 추구하는 적극적 태도라고 생각한다. 사실 이런 요소가 갖춰지는 것이 중요한 거지, 꼭 화기애애한 대화만이 좋은 대화라고 볼 수 없다. 좋은 대화의 모델을 정해놓고 틀에 맞춰 대화에 나서면 상대방이 조금만 매너에 어긋나도 탓하거나 앙심을 가지기 쉬워진다.

좋은 섹스도 마찬가지지 않을까? 훌륭한 섹스의 모델을 정해놓고 시작하면 기대가 무너지기 쉽다. 자신이 상대방에게 솔직할 수 있는지, 상대방이 나에게 솔직할 수 있는지, 양쪽이 시간을 두고 만족을 찾아나가는 적극적 태도를 가졌는지 등 그런 기초적인 요소를 갖출 수 있는 관계인지 점검하면서 섹스에 나서면 차차 높은 만족도를 얻을 수 있을 것이다.

그리고 개인적으로는 여자들이 자신의 성 만족감을 좀 더 적극적으로 추구하는 것이 양쪽의 긍정적 경험을 만들어가는 데 큰 도움이 된다고 생각한다. 이기적으로 관계하라는 말이 아니다. 남자가 여자에 비해 성 충동이 강한 데다(성 욕구는 비슷한 것 같다) 사정을 통해 오르가슴 반응이 확실하게 나타나기 때문에 섹스 흐름이 남자의 만족을 위주로 만들어지기 쉽다.

하지만 남자들이 단순 오르가슴으로 얻는 만족감은 비교적 크지 않다고 한다. 심지어 사정 후 불쾌감과 우울감을 느끼는 경우도 많다고 한다. 그러니 여자가 관계에서 오르가슴을 잘 느끼고 몰입하면 우선 본인에게 가장 좋고, 남자도 여자를 만족하게 하는 데서 훨씬 큰 쾌감을 느낄 가능성이 크다. 내 경험상으로도 내가 잘 느낄 때 오히려 상대방이 훨씬 크게 만족했다.

"남자 친구가 저를 사랑하지 않는 것 같아요"

Q. 남자 친구 때문에 고민이 있는 여자입니다. 전 남자친구와 3년간 사귀면서 특별한 선물을 받아본 적이 없어요. 보통 생일이나 크리스마스 등 특별한 날에 친구들은 남자 친구와 서로 선물을 교환하는데, 저는 제 생일에 케이크도 받아본 적이 없어요. 연애 초반에는 제가 먼저 이벤트를 챙겼는데, 남자 친구가 아무것도 안 챙겨주기에 저도 안 챙겨주게 됐네요.

저의 호감 표시로 연인 사이가 된 거여서 항상 제가 남자 친구를 더 많이 사랑한다고 느꼈어요. 남자 친구는 저랑 싸우면 쉽게 헤어지자는 말을 하고요. 저는 남자 친구를 정말 좋아하니까 항상 붙잡았어요. 제가 헤어지자고 하고도 나중에 제가 먼저 연락하기도 했고요.

저는 남자 친구를 보면 너무 귀엽고 잘생겨서 칭찬을 많이 해주는데, 남자 친구는 저에게 "난 너의 얼굴을 보고 사귄 게 아니야. 너의 마음을 보고 사귄 거야. 얼굴을 보고 사귀었다면 다른 예쁜 여자를 만났을 거야. 그러니까 너의 얼굴이 성형으로 바뀌어도 난 상관없어"라는 말을 하더라고요. 좋은 말인지 나쁜 말인지 헷갈려서 웃으며 넘겼지만, 아무래도 제 마음은 서운했나 봐요. 제 남자 친구에게 저는 하나도 안 예뻐 보인다는 말이니까요.

저에게 더 고민인 건요, 제 자존감이에요. 남자 친구를 만난 후부터 자꾸 자존감이 낮아지는 걸 느껴요. 근데 남자 친구가 잘해줄 때도 있어서, 그럴 때는 내가 남자 친구한테 바라는 게 너무 많은 건가, 남자 친구 놓치고 후회하진 않을까 생각도 들어요.

보통 여성분들도 연애할 때 저런 말과 심정을 참고 연애하나요? 아니면 저 정도면 헤어져야 하는 건가요? 저를 많이 사랑하지 않는 거겠죠?

A. 3년간 사귀면서 생일이나 크리스마스 같은 기념일에 선물 한 번 제대로 챙겨준 적 없고 "난 너의 마음을 보고 사귄 거야. 얼굴을 보고 사귀었다면 다른 예쁜 여자를 만났을 거야"라는 말을 선심 쓰듯 하는 남자 친구. "그 남자는 널 사랑하는 거 아니야, 당장 헤어져!"라고 얘기하는 건 진짜 쉬운 일이죠. 하지만 그 빤한 말을 들으려고 저에게 사연을 보내신 게 아니겠죠?

제가 지금 상담자가 사귀고 있는 남자 친구에 대해 조금 정떨어질 수 있는 얘기를 해드릴까요? 상담자의 남자 친구 분, 자존감이 굉장히 낮은 것 같아요. 남자 친구 입장에서 상담자는 최고의 선택이 아니에요. 안전한 선택이에요. 그냥 상처를 받지 않을 선택. 상담자가 쉽게 떠나지 않고 자기 뜻대로 해줄 거라서 사귀고 있는 거예요. 최선도 아닌 선택을 3년이나 지속하고 자신의 선택을 소중히 여길 줄도 모르죠.

그런 사람은 자존감이 낮아요. 자존감이 낮은 분 중에 쉽게 내줄 줄 모르는 사람들이 있는데 남자 친구가 그런 것 같네요. 그래서 사소한 선물 하나 못 줬겠지.

반면 상담자는 그래도 최고의 선택을 했잖아요. 좋아하는 사람에게 다가갈 줄 알고 내가 선택한 사람에게 멋있다, 귀엽다고 사랑의 말을 줄 줄 알아요. 이건 자존감이 높은 사람이 할 수 있는 행동이에요. 누군가에게 다가간다는 건 용기와 자신의 감정에 대한 충실함이 필요한 행동이거든요.

상담자가 못하는 건 자신의 기대와 현실을 구분하는 거예요. 너무 많이 바라는 게 문제가 아니고요. 누울 자리를 보고 발 뻗어야 한다고, 바라는 걸 주지 못할 사람에게 바라는 게 문제예요. 3년간 지켜봤으면 결론 나오지 않나요?

아마 상담자가 이별을 망설이는 이유 중 하나는 '과연 나에게 더 나은 다음이 있을까?'라는 의문이 들기 때문일 거예요.

그 의문에 답해드릴게요. 제가 보기엔 '지금보다 나쁘기는 힘들지 않을까?'라는 생각이 들어요. 일단 아무리 요새 경제 사정이 힘들고 여유가 없다지만, 연인 사이에서 그 정도로 오고 가는 게 없는 건 비상식적이에요.

그리고 하나 더, 제가 보기엔 상담자도 더는 남자 친구를 사랑하지 않는 것 같아요. 처음엔 애정으로 시작하고 다가갔지만, 상대가 사랑을 제대로 주지 않으니 당연히 애정이 다 말랐을 거예요.

스스로 마음의 편을 들어주세요. 남자 친구를 사랑하지 않는다면 관계를 접으세요. 그럼 자신의 자존감도 지킬 수 있고, 당연히 다음에는 더 좋은 사람을 만날 수 있어요.

근데 만약 다음에 더 좋은 사람을 못 만날까 봐 내 마음의 편을 들어주지 않으면 지금 남자 친구처럼 대충 관계 맺으면서 안전만 찾는 자존감 낮은 관계의 굴레로 들어가는 거예요.

5장

꿈과 목표는
없어도
방 청소는 하자

홀로서기는
방 안에서부터

난 어릴 적 매우 척박한 환경에서 자랐다. 여기서 척박하다는 것은 단순히 돈이 없다는 얘기가 아니다. 우리 부모님은 삶의 터전을 말 그대로 개척한 분들이다. 부산에서 만나 결혼한 부모님은 2년 정도 부산에서 신혼 생활을 하다가, 아버지가 직장 생활을 견디지 못하고 나오면서 그곳에서의 생활을 접었다. 그리고 아버지의 고향인 안동에서 생활하기 시작했다. 그런데 아버지가 원래 살던 곳은 댐이 건설되면서 물에 잠겨버렸기 때문에, 아버지와 삼촌들은 주변의 산중에 새롭게 터전을 마련해야 했다.

내가 기억하는 첫 집은 산비탈 아래에 있었고, 엄마는 집 앞의 도랑에서 물을 길어 와서 빨래를 했다. 비가 많이 오면 산사태를 걱정하며 큰집에서 잠을 자야 할 때도 있었고, 가끔 뱀이나 들고양이 따위의 짐승이 집으로 들어온 적도 있었다.

그래서 부모님은 자식들의 양육에 섬세하게 신경을 쓸 수 없었다. 당장 생존을 위해 돈 버는 방법을 찾는 게 우선이었고, 어린 나는 큰어머니의 손에 자주 맡겨지곤 했다. 내가 말을 시작했을 때 부모님의 말투인 경상도 사투리가 아니라 큰어머니의 말투인 충청도 사투리를 썼다고 하니, 부모님과 보내는 시간이 얼마나 적었는지 알 수 있다. 그러다가 부모님이 재정적 안정을 찾을 때까지 부산 외가에 맡겨졌고, 열 살이 돼서야 부모님과 함께 살기 시작했다. 고등학생이 되면서부터는 기숙사 생활을 했으니 내가 부모님과 살을 부대끼며 살았던 시간은 고작 10년 정도다.

그렇다고 나를 방치했던 건 아니다. 날 돌봐주던 큰어머니, 외조부모님, 그리고 부모님 모두 엄청난 사랑으로 키워주셨다. 그래서 주 양육자가 자주 바뀌는 환경에서도 별로 엇나감 없이 자랐다고 생각한다. 독립심도 키울 수 있었다. 하지만 성인이 되고 혼자 살기 시작하면서 문제가 드러나기 시작했다. 난 자신을 돌보는 일의 중요성도, 방법도 몰랐던 것이다.

어린 시절 내내 나에게 집은 항상 남의 집이거나(물론 친척집이긴 했지만), 흙먼지가 쌓이고 파리 떼가 들끓으며 부모님이 오래 머물지 않는 곳이었다. 그 때문에 나는 삶의 축을 집이 아닌 집

바깥에 누구 지냈다. 어렸을 땐 학교와 친구였고, 나중엔 회사 따위로 바뀌었다. 집이 중요성을 몰랐다. 쉼과 먹는 것의 중요성도 몰랐다. 그런 것의 중요함을 가르쳐준 사람이 한 명도 없었다. 그래서 무기력해지는 순간이 오자 사장 먼저 집 안이 엉망진창이 됐다. 관심을 두지 않으니까.

* * *

잘 먹고 쓰레기는 그때그때 버리자

그런 나에게 내 공간의 중요성을 가르쳐준 사람은 나보다 네 살 많은 막내 이모였다. 직장을 구하겠다며 갑자기 서울로 올라온 이모는 내가 살던 고시원 옆방에 잠시 머물면서 함께 살 원룸을 구하고, 배달 음식만 먹던 나에게 직접 요리를 해줬다. 그제야 나는 쓰레기로 가득 찬 방을 치웠다. 이모에게 그런 부끄러운 모습을 보여줄 수는 없었으니까.

이모는 터프한 사람이었다. 순식간에 꽤 괜찮은 보금자리와 자신의 직장을 구했고, 엉망진창인 조카를 구했다. 나와 달리 쓰레기도 그때그때 버리던 그녀는 절대로 문제를 방치하는 법이 없었다. 생각이 많고 행동이 굼뜬 조카를 격려하고 잔소리도 하면서 움직이게 만들었다. 액정이 나간 핸드폰을 바꾸게 만들고,

잘못된 식습관으로 찐 살을 빼라고 잔소리를 해줬다. 서서히 망가졌던 신체와 정신을 이모의 보살핌으로 상당히 회복했다.

물론 그렇다고 나를 거의 폐인으로 만들었던 근본적 문제가 사라진 것은 아니다. 여전히 삶에 의욕이 없었고 목표도 없었다. 하지만 삶에 의욕과 목표를 가진다는 것은 누구에게나 쉽지 않은 문제일 것이고, 모두 나처럼 폐인 생활을 하지는 않는다.

결국 목표 의식과 의지를 가지는 것이 우선이 아니라, 자신을 돌보는 방법을 익히는 것이 우선이다. 아무도 보살핌을 줄 수 없는 상황에서 스스로 돌볼 줄 모르면 내가 가진 문제가 얼마나 극단적으로 악화한 형태로 나타날 수 있는지 그때 몸소 깨달았다. 자신을 돌볼 줄 모르면 누구나 끔찍한 수렁에 빠질 수 있다. 나도 혼자 살기 전에는 자신이 집 안을 쓰레기장으로 만들 것이라고는 상상도 해본 적 없었다.

어차피 모든 사람은 삶에서 각자 어려운 과제들을 풀어나가야 한다. 그 과제는 긴 시간에 걸쳐 풀 수밖에 없는 것들이다. 그 장기전을 위해서는 먹는 것에 신경 쓰고, 문제를 방치하지 않고, 쓰레기는 그때그때 버려야 한다. 이렇게 하루하루 작은 움직임이지만 꾸준히 자신을 돌보고, 장기적으로는 내 삶을 돌아보고, 나 스스로를 낱낱이 파헤쳐볼 필요가 있다. 지금부터 한 사람의 독립된 인간으로서 홀로 설 수 있는 방법을 찾아보자.

나를 괴롭히는
나쁜 기억에서
벗어나는 법

누구에게나 트라우마가 있다. 트라우마의 순간은 제각각 다를 것이고 충격과 반응도 다를 것이라 쉽게 이 주제에 대해 말하기는 어렵다. 개인의 트라우마는 너무나 예민한 것이라 나도 피해온 주제다.

하지만 꽤 자주 받는 질문 중 하나가 "트라우마를 어떻게 극복하나요?"라는 것이다. 내가 심리학자도 아니고 그냥 영상 콘텐츠로 자기 얘기를 하는 사람이라는 것을 구독자들도 모르지 않을 텐데 그런 질문을 던진다. 아마도 구독자들은 내가 트라우마를 경험하고 극복을 위해 나름대로 치열하게 노력해본 사람이라고 느끼는 것 같다.

그건 사실이다. 난 어린 시절 가족 안에서 겪은 트라우마를 이겨내기 위해 오랫동안 노력해왔고, 지금은 거의 다 극복했다고 생각한다. 누가 진단을 내려준 적은 없지만 말이다.

그래도 내가 뭐라고 트라우마라는 거창하고 예민한 주제로 이야기를 풀어나갈까 고민이 드는 것은 사실이다. 하지만 나의 트라우마를 풀어내지 않으면, 이 책을 읽고 내 채널을 구독하고 있는 사람들에게 내가 할 수 있는 얘기의 절반만 공유하는 것이라는 생각이 들었다. 사실 내가 채널을 운영하고 콘텐츠를 만들며 구독자들과 소통하는 힘의 근원은 부모님 때문에 겪은 트라우마를 극복한 과정에 있기 때문이다.

나는 때가 되면 트라우마는 풀어나가야 한다고 생각한다. 하지만 그 방법은 사람마다 다 다를 것이다. 나는 나의 과정을 풀겠다. 누군가에게는 도움이 되길 바란다.

• • •

오랜 기억 속 트라우마

한때 자주 떠올리던 나의 트라우마 속 한 장면은 이러하다. 그때는 중학교 1학년 아니면 2학년 여름 방학이었는데, 나는 방학 숙제를 다 끝냈다고 부모님께 거짓말을 했다. 아버지는 나의 거짓

말을 금방 알아채고 화가 나셨다. 그래서 교과서와 문제집을 포함한 내 책들을 마당에 한데 쌓아서 석유를 뿌리셨다. 아버지는 나를 더는 학교에 보내지 않겠다고 했다. 나는 그 장면을 보며 한여름 무더위에도 오한이 와서 얼어붙은 채 서있었다. 어머니는 멍청하게 서있는 나를 보며 아버지께 어서 잘못했다고 빌라며 따귀를 때리셨다. 그제야 진짜 불을 붙이려는 아버지에게 무릎을 꿇고 손을 모아 다시는 속이지 않을 테니 용서해달라고 울면서 빌었다.

다행히 내 책은 불타지 않았지만, 이 기억이 내 삶의 공포 장면이 돼 무언가 새로운 시도를 해보려고 할 때마다 발목을 붙잡고 옴짝달싹하지 못하게 만들었다. 사실 내가 하고 싶은 것들은 어려서부터 만화를 그리거나 글을 쓰고 이야기를 만드는 일, 혹은 다큐멘터리 감독이 되거나 외신 기자가 되는 것이었다. 하지만 내가 가장 하고 싶은 일들은 내색을 하지 않고 아버지가 납득하고 인정할 만한 미래상 안에서 타협점을 찾아 선택을 하려고 했다.

정말 내가 원하는 것에 대해 아버지와 대화할 생각을 하면 너무나 두려웠다. 아버지는 내가 공책 귀퉁이에 그린 낙서들을 보고 공부에 집중하지 않는다고 혼을 내는 분이었다. 그런 아버지의 비위를 맞추지 못하고 뜻에 어긋나는 상황을 만드는 것 자체가 공포였다. 그래서 난 내가 가장 하고 싶은 일은 아버지가 인정하는 일을 해낸 다음으로 미루고자 했다. 내가 고등학교 때까지 공부를 열심히 했던 것은 대학교 이후 아버지의 영향력에서 독립된 삶을 원했기 때문이었다.

- - -

어릴 때와 마찬가지로 성장하지 못한 나

하지만 대학생이 되고 서울로 올라와 부모님과 물리적으로 멀어졌는데도 독립된 삶을 시작할 수 없었다. 아버지의 뜻에 따라 스물한 살 때 휴학을 하고 원하지 않는 공무원 수험 생활을 시작했다. 1년간의 수험 생활이 실패로 끝나자 만회하겠답시고 뜻도 없는 전공의 교직 이수를 하겠다고 큰소리를 쳤다. 그리고선 성적이 모자라 교직 이수를 못했는데도 혼날 것이 두려워 이수했다고 거짓말을 했다. 그러다 들통나서 중학생 때처럼 혼났다. 물론 그땐 무언가를 태우려 하지는 않으셨지만 연을 끊네 마네 하시며 앓아 누우셨다.

대학생인데도 아이처럼 혼나는 것이 수치스러웠다. 사실은 그 모든 순간이 당신들의 욕심 탓인데, 왜 나를 탓하는가 싶어서 화가 났다. 난 그들의 뜻대로 내 모든 욕구를 잠그고 비위를 맞출

뿐인데 말이다. 왜 진실하지 않고 당신들을 속인다며 불효자라고 나를 탓하나 싶어서 끝없는 원망이 시작됐다. 하지만 무서워서 겉으로 티는 내지 않았다.

특히 내가 타인을 잘 신뢰하지 못하는 데다 타인이 지레 날 해치거나 버릴 것이라 생각하고 억지 웃음과 함께 비위를 맞추며 인간관계를 맺는다는 것을 깨닫고 나서는 더욱 부모님을 원망했다. 부모님 때문에 만든 방어 기제로 인해 내 연애가 망가졌다고 생각했다.

부모는 자녀 양육에 책임이 있다. 그러니까 내가 부모님을 탓했던 것이 부자연스럽거나 나쁘다고 생각하지 않는다. 부모님은 나를 위해 많은 희생을 하셨지만 동시에 커다란 상처를 줬다. 그 상처가 20대까지 내가 극복해야 할 과제였다. 그 과제가 너무 어려워서 원망을 그치기 힘들었다.

하지만 계속 부모님을 탓했다면 내 인생은 망가졌을 것이다. 끝이 없었을 테니 말이다. 또는 대충 덮고 상처가 없는 척 살았다면 지금처럼 자유로운 마음을 갖기 어려웠을 것이다. 시간이 약이라지만, 어떤 장면은 계속 반복 재생돼 두려움 그 자체로 내 삶을 지배하려고 들었다.

스물두 살쯤 둘째 이모가 나에게 해준 말이 있었다. "어른이 되고도 부모님 탓을 하면 안 돼. 스물다섯 살 이후로는 다 네 탓이야. 아이가 돼선 안 돼." 그 이모는 스무 살에 가난한 집을 떠나 맨몸으로 미국에 가서 자리 잡은 나의 롤모델이었다. 남들과 똑같은 말을 해도 이모가 해주는 말에는 설득력이 있었다. 이후로 부모님 탓을 관두기 위해 그들을 입체적으로 이해하려고 노력했다. 하지만 아직 어렸기 때문에 하루아침에 되지는 않았다.

• • •

어머니와 아버지의 배경 이해하기

스물네 살이 돼서야 처음으로 부모님의 입장을 조금 실감했다. 어머니는 그 나이에 나를 낳으셨다. 하지만 나는 스물네 살에도 대학교 졸업반이었다. 스물다섯 살에 가장 친한 친구가 첫 아이를 낳았다. 간접적이었지만, 아이를 키우는 게 얼마나 힘든 일인지 조금은 알게 됐다. 가지고 있는 시간과 체력과 관심을 다 쏟아부어야만 가능한 일이었다. 그것을 어머니는 고작 스물네 살에 시작한 것이다.

　스물여덟 살이 됐을 땐 아버지의 삶과 내 삶을 비교했다. 그때 난 대형 언론사를 다니면서 한참 재밌게 지냈다. 조직 생활은 나와 잘 맞지 않았지만, 쉴 때는 다양한 모임에 참석하면서 한참 발을 넓히던 시기였다. 하지만 아버지는 벌써 첫 아이를 가진 가장이었다. 그가 어떤 희망과 불안을 품었을까 생각했다.

그리고 부모님은 누구의 자식이었나 생각했다. 부잣집 외동딸로 태어났지만, 가난한 사내와 결혼해 여덟 명의 딸을 키우며 아들 못 낳은 설움을 겪고, 나중엔 귀까지 어두워져 평생 한탄하며 삶을 보낸 외할머니의 장녀가 어머니였다. 그리고 한량인 남편 대신 여섯 명의 아들과 두 명의 딸의 생계를 책임지며 군대식으로 질서를 잡아 자식들 위에서 살벌하게 군림하던 할머니의 일곱 번째 자식이 아버지였다. 어머니, 아버지 모두 남들이 고등학교 다닐 때 이미 공장에서 일하며 돈을 벌고 있었다.

내가 어머니나 아버지의 입장이었다면 어땠을까 생각해봤다. 여덟 자매의 장녀로 일찍이 가족의 생계를 책임지고, 아프다고 하면 농사일을 더 시키는 냉정한 어머니의 일곱 번째 자식이라면 난 어땠을까. 상상할 수 없었다. 왜냐하면 나의 부모님은 그들 자신보다는 훨씬 좋은 환경에서 날 키워주셨기 때문이었다.

온전히
내 삶을 살기 위한
관계 정리

어린 시절은 분명 내가 바라던 최선이 아니었다. 선택할 수 있었다면 유년 시절을 부모님과 떨어져 보내지 않았을 것이며, 남들처럼 자연스럽게 부모를 신뢰하고 싶었다. 난 열 살에 부모님과 다시 살기 시작하면서 분리 불안 장애를 겪었다. 학교가 끝나고 아버지가 예상보다 늦게 데리러 오면 버려졌다는 생각에 울음을 참을 수 없었다. 학교가 끝나면 아버지가 날 집에 데리고 간다는 것을 믿는 데 꼬박 1년이 걸렸다.

돈을 버느라 여유가 늘 부족해 가족 안의 작은 균열에서 큰 위기를 느끼며 분노를 표출하는 부모를 바란 적도 없다. 그 분노에 불똥이 튀겨 내 책이 불탈까 걱정하는 어린 시절은 내가 선택한 것이 아니다. 그들이 화낼까 봐 비위를 맞추며 거짓말까지 동원하다가 자신의 감정까지 속이고 싶지 않았다.

하지만 최고를 바란다고 얻을 수 있는 게 삶이 아님을 받아들여야 했다. 삶이 공평하다면 어머니와 아버지도 그들의 부모에게 더 나은 사랑과 보살핌을 받아야 했던 것 아닌가. 가난한 사랑과 보살핌을 받은 부모님의 최선은 안전한 환경에서 자식들에게 생계 걱정을 시키지 않고 배움의 기회를 주는 것이었다. 부모님은 중학교 때까지 직접 등하교를 시켜주셨다. 한때 연탄과 나무 난로를 때울 정도로 가세가 기울었지만, 대학 교육까지 받을 수 있게 해주셨다. 그게 그들의 최선이었다. 그리고 난 '인 서울' 4년제 대학을 졸업한 득을 크게 봤다.

· · ·

관계에서 최고를 바라지 않고 최선을 다할 때

최고를 바란다고 얻을 수는 없지만, 나에겐 내가 생각하는 최선을 다할 기회가 있었다. 내가 원하는 형태는 아니었지만, 부모님이 생각하는 최선을 다했듯이 말이다. 이젠 나의 최선을 시도할 시간이 왔다. 난 나의 트라우마를 극복하기 위해 20대 후반부터 본격적인 최선의 방법을 찾아 실행하기 시작했다.

그 시작은 두렵더라도 부모님에게 내 감정과 생각에 대해 솔직하게 밝히는 것이었다. 내 감정을 억압하고 타인의 비위를 맞추는 방어 기제는 내 부모님, 정확하게는 아버지 때문에 만들어진 것이었다. 그러니 아버지의 비위를 맞추는 것을 관둬야 했다. 정면 돌파를 위해선 반드시 해내야 하는 일이었다.

내 생각을 가감 없이 얘기할 계기는 주로 부모님 두 분의 갈등 안에서 생겼다. 예전에는 두 분 사이에 갈등이 생기면 대충 아버지 앞에서는 아버지 편, 어머니 앞에서는 어머니 편을 들었다. 사실 자식이라는 입장을 떠나 한 사람의 개인으로서 두 분의 갈등을 바라보는 내 의견은 따로 있었지만 숨겼다. 굳이 부모님의 갈등에 끼어들고 싶지 않기도 했고, 두 분 사이의 어떤 기억은 나에게도 너무 아픈 것이라 입을 다물었다.

하지만 어느 순간부터는 두 분 사이에 갈등이 생기면 내 의견을 조심스럽게, 하지만 정확하게 얘기하기 시작했다. 두 분은 가끔 항변을 하고 화를 내시기도 했다. 맞는 말은 아프지 않은가? 그럴 때마다 '내가 판단을 하고자 하는 게 아니라, 자식으로서 두 분의 입장과 감정을 이해하려고 노력하는 것일 뿐'임을 여러 차례 알려드렸다.

그러자 어느 순간부터는 나에게 꽤 솔직하게 감정과 고민을 털어놓기 시작하셨다. 대부분 해결이 어려운 얘기들이었고, 가족의 일원으로서 무거운 얘기들이었다. 하지만 내가 그들을 부모로서뿐만이 아니라 인간적으로 이해하는 계기가 됐으므로 열심히 소화했다. 부모님, 특히 아버지에게 두려움이 컸던 나는 그를 인간계로 끌어내리는 일이 매우 중요했다.

• • •

관계에 도전하는 용기

마침내 나는 아버지가 반대하는 일을 했다. 사실 나는 아버지를 정말 많이 닮았기 때문에 가치 기준이 비슷하다. 나이가 들수록 크게 갈등이 생길 일이 없었다. 심지어 아버지는 내가 스물아홉 살에 번듯한 언론사를 관둘 때도 지지해주셨다. 내가 당신의 성향을 닮아 편하게 조직 생활 못하는 유형임을 받아들이셨기 때문이다. 하지만 30대가 돼서 제대로 월급도 안 주고 문화 행사를 기획하는 비영리 단체에서 일한다고 했을 때는 크게 반대하셨다. 내가 커리어도 못 얻고 시간만 낭비할 것이라 확신해서 정말 맹렬하게 반대하셨다. 그때 처음으로 아버지에게 언성을 높여 화를 냈다.

"아버지 판단이 옳을 가능성이 높다는 것을 알아요. 하지만 이미 내가 하기로 결정한 일에 대해 실패할 것이라고만 얘기하는 건 악담으로 밖에 들리지 않아요. 이건 제 결정이고 실패해도 제 실패예요."

그렇게 크게 언성을 높인 이후에 1년간 아버지와 냉각기를 가졌다. 그때 아버지가 이런 '착하지 않은 딸'의 모습도 받아들여주지 않으면 끝이라는 생각도 했다. 어떤 부모는 자식의 받아들일 수 없는 모습을 외면하기도 하지 않는가. 나에겐 부모님이 그런 부류의 부모일 수도 있다는 의심이 있었다. 만약 그런 부모라면 최소한의 도리만 하리라고 생각했다.

다행히 부모님은 항상 내 곁에 있었다. 그리고 부모님을 다시 보게 됐다. 특히 어머니를. 어려서부터 어머니가 우울증으로 힘들어하시는 모습을 많이 봐서 그를 부서질 것 같은 약한 사람으로 생각했는데, 내가 제멋대로 굴고 아버지와 관계가 불안할 때도 날 챙겨주며 중심을 잡아주시는 모습을 보고 생각한 것보다 훨씬 강인한 사람임을 알게 됐다. 어머니는 항상 바로 내 곁에서 조용히 나를 지지해주고 계셨던 것이다.

그리고 아버지가 완전한 내 편이라는 것을 믿게 됐다. 난 결국 아버지가 반대한 일을 하면서 아버지의 예상 그대로 실패하고 좌절했다. 난 아버지가 "내 그럴 줄 알았다"라고 얘기할 것이라 생각했다. 근데 아버지는 우는 나를 보며 나보다 더 가슴 아파하셨고, "정신 차리고 다시 시작하면 된다"며 다독거려주셨다.

그제야 어렸을 때 날 그리도 지독히 혼냈던 이유가 내가 너무나 소중한 나머지 잘못될까 봐 불안해서였다는 것을 깨달았다. 가족들과 한번 잘 살아보고 싶은 젊은 사내의 두려움과 불안이 이해되면서, 그 어떤 것도 그의 생각대로 쉽게 풀리지 않았음이 너무 안쓰럽고 슬퍼졌다.

부모님을 온전히 신뢰하기까지 30년이 걸렸다. 이건 내가 트라우마에 맞서 솔직하기로 용기를 내서 확인한 신뢰기 때문에 흔들리지 않으리라는 것을 안다. 최선을 위한 용기가 내 상처를 아물게 해줬다.

• • •

부모와의 관계 판정을 내리고 당신의 시간을 맞이하라

부모님과 나의 얘기는 해피 엔딩에 가깝다. 하지만 이 해피 엔딩을 얻기까지 난 관계 단절을 각오했다. 감히 날 키워준 부모님을 냉정하게 분석하고, 부모님과 조부모님의 관계를 물어보고 추정하고, 자신을 객관화시켜야 했다. 자신을 객관화하며 남 비위를 맞추는 내 방어 기제가 어떻게 만들어지고 작동하는지 분석해야 했고, 습관대로 착한 딸 가면을 쓰고 행동하는 것을 중단해야 했다.

쉬운 길을 아는데 어려운 길을 선택하는 건 용기가 필요하다. 가면을 벗을 용기는 부모님의 영향력에서 완전히 벗어나 온전히 내 삶을 살기 위한 것이었다. 행복한 결말을 얻기 위한 것이 아니었다. 부모님과 사이가 친밀해진 것은 보너스였다. 사실 나는 부모님에 대한 두려움을 멈추고 새로운 도전을 해낼 수 있다면 그걸로 충분했다. 부모님의 존재가 작아지길 바랐기 때문에 프로파일링 비슷한 것을 한 것이다.

심지어 해피 엔딩은 내가 얻은 보너스가 아니라 최선을 다한 부모님의 보너스였다. 만약 부모님이 무책임했고 최선을 다하지 않았다고 여겨졌다면, 난 최소한의 자식 도리만 하자고 생각했을 것이다. 하지만 부모님을 들여다보면 볼수록 마음이 아팠다. 그건 내가 충분히 사랑받았기 때문이었다. 그래서 마음을 활짝 열기로 결정했다. 그렇다. 해피 엔딩이라는 보너스는 내가 주는 것이다. 결말은 내가 결정하는 것이다.

부모님을 객관화하며 마침내 두려움과 원망을 극복했다면, 당신은 당신만의 보너스를 얻기 위해 달려 나가면 된다. 부모님은 어쩔 수 없이 늙는다. 당신의 뜻대로 살 수 있는 황금기가 온다는 얘기다. 그 귀한 시기를 부모님 탓하며 발목 잡힌 채 보내지 마라. 부모님이 준 상처가 당신을 붙잡으면 그들을 냉정하게 분석해서 작게 만들고, 반드시 당신의 시간을 살길 바란다.

자신을
꾸밈없이
바라보는 법

가끔 "자기 객관화를 어떻게 하나요?"라는 질문을 받는다. 그런 질문을 받으면 어떻게 대답해야 이해하기 쉬울까 고민이 많이 된다. 나도 자기 객관화를 하면서 그게 자기 객관화인 줄 알고 한 것이 아니다. 내가 한 행동의 이름을 찾다 보니 자기 객관화라는 단어를 쓰게 된 것뿐이다. 그래도 오랜 기간 하다 보니 습관처럼 몸에 배서 몇 가지 팁을 줄 수는 있을 것 같다.

1. 모든 것에는 양면성이 있다는 것을 기억하라

사실 이거 하나면 충분한 것 같다. 세상 만물에는 양면성이 있다. 그걸 모르는 사람은 없을 텐데, 이 말 자체를 진짜 이해하고 있는 사람을 만나기는 어렵다.

사람들이 머리가 나빠서가 아니다. 본능적으로 자신의 자아를 보호해줄 수 있는 면만을 인정하고 옹호하고 싶어 하기 때문이다. 하지만 문제는 자신의 자아를 보호하기 위해 한쪽 면만을 보고 있다고 생각하지 않고 그 한쪽 면이 '옳다'고 생각한다.

나는 한때 갈등을 '나쁘다'고 생각해서 무조건 회피했다. 부모님 사이의 갈등과 내가 왕따를 당했을 때 남자애들과 싸운 경험 때문이었다. 갈등의 나쁜 점만을 보면서 그것만 피하면 안전한 관계를 맺을 수 있다고 여긴 것이다. 하지만 사실 갈등은 관계의 문제점을 알 수 있는 계기를 마련해주는 것이었고, 문제의 원인이라기보다는 결과에 가까운 현상이었다. 갈등은 두렵지만 마주하는 편이 오히려 안전했다.

2. 맹목적인 믿음이나 혐오의 감정이 들 때 촉을 세워라

누군가에게 첫눈에 반하거나 누군가를 필요 이상으로 싫어한 적이 있는가? 첫눈에 반한 것은 운명이라 생각하고, 까닭 없이 싫은 사람을 싫어해야 할 이유를 찾은 적이 있는가? 그럴 때 사실은 양쪽 다 나와 비슷한 사람이라서 반했고 싫어했을 가능성이 높다.

나는 운명론자긴 하지만, 그런 순간에 운명이라는 단어를 가져와서 도취하는 것을 좋아하지는 않는다. 결국 도취도 술에 취하는 것과 같은 상태라고 생각하기 때문이다. 나쁜 건 아니지만 경계하고 싶다.

그럴 때 나는 호감이 간 사람에게 왜 끌렸고, 거부감이 드는 사람의 어떤 점이 싫은지 시간을 두고 겪어보는 편이다. 호감이나 혐오의 감정을 부정하지 않지만, 거기에 압도되지는 않으려고 노력한다. 내가 호감과 혐오를 느끼는 부분도 결국 상대방의 일부일 뿐이기 때문이다. 그런데 내가 가진 것이라 더 크게 보고 있는 것 아닌가?

그리고 혐오하는 부분의 경우에는 어떻게 승화할 것인지 생각해본다. 가령 나는 비위를 맞추는 태도를 보이는 사람을 무척 싫어했다. 내가 다른 사람의 비위를 잘 맞췄기 때문이다. 그것을 부정적으로 인식하기 시작했을 무렵부터 그런 사람들을 견딜 수 없어졌다. 그래서 한동안은 그런 사람들을 그냥 싫어했다. 그리고 나 역시 눈치 보며 비위를 맞추는 태도를 고치려고 노력했다.

생각보다 고치는 게 너무 어려웠다. 거의 불가능에 가깝다는 것을 알게 됐다. 위기의 상황에서는 무의식적으로 남의 비위를 맞추고 있었다. 그런데 나중에는 그걸 고치는 것보다 내 입장을 표현하는 비중을 늘리면 해결되는 문제라는 것을 알게 됐다. 내 입장을 잘 표현하면 남의 비위 맞추는 태도는 그냥 예의 바르고 사려 깊은 행동이 된다는 것을 깨달았다. 그런 식으로 내가 혐오하는 부분을 받아들이고 승화하려는 시도를 이것저것 했다.

3. 자신에 대한 과잉 해석을 경계하라

"누군가 날 싫어하면 어쩌죠?"라는 질문을 사람들이 자주 던진다. 그럼 난 이렇게 답한다. "상대방은 당신을 싫어할 정도로 관심이 없을 가능성이 높아요."

분명 학교에 다닐 때 갈릴레오 갈릴레이가 말한 대로 지구가 태양의 주변을 돈다는 것을 배웠을 텐데, 우리는 너무 쉽게 내 중심으로 세상이 돌아간다고 여기곤 한다. 그러다가 가끔 자신이 태양이 아니라 어떤 행성임을 문득 깨닫고는 존재의 하찮음에 대해 비관하고 좌절하곤 한다.

"내가 곧 태양이다"라고 말하든 "난 고작 일개 행성일 뿐이야"라고 말하든 둘 다 자의식 과잉이다. '스타병'에 걸렸든 '중2병'에 걸렸든 다 자의식 과잉이란 말이다. 노자는 도덕경에서 "하늘과 땅은 어질지 않아서 만물을 짚으로 만든 개처럼 여긴다(天地不仁 以萬物爲芻狗)"고 했다. 나는 인간이, 혹은 나라는 개인이 특별하다고 생각하는 것보다 스스로를 짚으로 만든 개로 여기는 편이 오히려 훨씬 현실적인 세계관이라고 생각한다. 하나의 생명으로서 자신을 인식하면 진정 내가 세상에 미치는 영향을 더 잘 알 수 있다고 생각하기 때문이다.

그런 세계관에 동의하지 않는다고 하더라도 인간이 좀 더 겸허하게 자신의 존재를 인식해야 한다고 생각한다. 세상은 나에게 관심이 없다. 타인도 나에게 관심이 없다. 그래도 된다. 자신도 가끔 스스로에게 무심하지 않은가?

그렇다고 내가 세상에 작용하지 않는 것은 아니다. 태양만 중력이 있는 게 아니라, 행성도 중력이 있고 심지어 위성도 중력이 있다. 달은 한낱 위성이지만 지구인들에겐 태양만큼이나 거대한 존재다. 잡초도 땅에 뿌리를 단단히 박고 누가 지켜보지 않아도 때가 되면 꽃을 피우고 열매를 맺는다. 그들은 자신이 이름이 있든 없든 관심이 없다.

우리도 분명 생명이기 때문에 모두에게는 아닐지라도 어디선가 누구에게는 영향력을 끼치고 있다. 누군가 날 중요하게 생각하든 말든 말이다. 내가 어디서 누구에게 어떻게 작용하고 있는지 알려면 '스타병'이나 '중2병'은 좀 내려놔야 한다. 과대평가도 과소평가도 하지 말자. 자신을 좀 담백하게 받아들이자.

누구나 가진 자원을
가치 있게
쓰는 법

이 책을 여기까지 읽었다면, 내가 꿈이나 열정이라는 동력에 대해 굉장히 회의적으로 생각하고 있다는 것을 알 것이다. 현실에 발 딛지 못한 꿈과 열정이 담긴 계획 때문에 맘고생을 많이 했기 때문이다. 그래도 큰 교훈을 얻었다. 노동력, 마음, 시간이 결합하면 그 자체로 가치 있는 자본이라는 것이다. 함부로 쓰면 안 되는 귀중한 자원이다. 돈이 다가 아니었다.

나는 정말로 돈이 없는 비영리 단체에서 일하며, 한정된 예산의 행사 사업을 따와 이윤을 남기겠다고 터무니없게 적은 돈으로 행사를 운영하는 것을 보면서 느낀 점이 두 가지 있다.

우선 마음과 노동력과 시간이 합쳐지면 순금의 건전지가 된다. 내가 일하던 비영리 단체는 환경과 예술의 가치를 중요하게 생각했는데, 거기에 공감하는 사람들은 기꺼이 노동력과 시간을 내줬다. 일러스트레이터인 친구는 그림을 그려주고, 음악 하는 친구는 노래를 해주고, 자원봉사로 스태프가 돼주는 친구도 있었다. 그래서 적은 돈으로 행사를 운영하는데도 돌아갔다. 애초에 직장 생활을 큰 기업에서 시작한 나는 꼭 돈이 아니어도 사람들이 모여 같은 목표를 바라보고 움직일 수 있다는 데 놀랐다.

• • •
보이지 않는 자원의 가치

동시에 자본주의의 위력도 피부로 확인했다. 분명 내가 일하는 비영리 단체는 매우 젊은 청년 조직이고, 환경과 예술이라는 아젠다를 가지고 열정으로 프로젝트를 진행하는 곳이었다. 하지만 나를 비롯한 사람들은 주어진 돈 이상의 퍼포밍을 해낼 생각을 못했다. "돈이 꼭 중요한 게 아니다"라고 말하는 사람이 많은 조직인데도 딱 주어진 예산만큼 빤한 프로그램을 들고 지역 행사를 진행하곤 했다. 대외적으로 혁신적 시도를 하는 청년 예술 조직이라고 말하고 다녔던 것을 생각하면 좀 부끄러운 일이었다.

청춘의 힘으로 뭔가 해내고자 했지만, 큰 기업에 다니던 내가 그랬듯 너무나 쉽게 돈의 영향력에 갇혀 순금의 건전지를 갖고도 재생산을 해내지 못했다. 마음, 노동력, 시간을 내주던 사람들은 지치고 실망해서 떠났다. 그중엔 나도 있었다.

하지만 그 이후로 나는 내가 가진 시간 전체를 생산력을 가진 단위로 보게 됐다. 정말로 시간이 돈처럼 보이기 시작한 것이다. 이건 패러다임의 전환이었다. 회사에 다닐 때는 근무 시간만 생산 가치가 있고 그 외의 시간은 여가 정도로만 보고 굉장히 소모적으로 보냈다. 회사는 나의 특정 시간만 구매했을 뿐인데, 정작 나는 팔린 시간만 가치 있게 보고 나머지 진짜 내 시간은 쓰레기처럼 여겼다.

시간이 사과라면 잼을 만들고 즙도 짜서 팔지는 못해도 가족이나 이웃과 나눠 먹을 수 있다. 이것도 생산이다. 다만 자본주의 시스템 안에서 살고 있으니, 특정 사과는 꼭 돈으로 팔아야 한다. 하지만 팔든 팔지 못했든 사과는 사과로서 그 가치가 있는 것이다. 썩어서 버리게 된다고 해도 사과는 사과다.

・・・

노동력과 마음과 시간을 투입할 대상 찾기

비영리 단체를 그만두고 나의 노동력, 마음, 시간을 집약해 무엇을 생산해내야 돈으로 환산할 만한 생산물을 만들 수 있을까 한 달간 고민했다. 내 얘기로 콘텐츠를 만드는 일에 '마음'이 많이 가서 책 집필, 강연 콘텐츠 제작, 유튜브 채널 개설을 두고 고민했다. 사실 세 개 다 하고 싶었는데 '노동력'이 한정적이기 때문에 우선순위를 정해야 했다. 책을 써본 언니도 만나고, 강연을 하는 친구도 만나고, 유튜버인 내 동생도 만나 치열하게 고민했다. 그 결과 유튜브 채널 개설을 1순위로 하고, 그다음에 책을 쓰고 강연을 하는 순서로 확장해나가는 게 가장 좋은 전략일 것 같았다.

어느 정도 채널 콘셉트와 스텝이 나온 이후 '시간'을 벌기 위해서 두 개의 옵션을 정했다. 첫 번째는 부모님께 돈을 빌리는 것이고, 두 번째는 최소한의 생활비를 벌 수 있는 아르바이트를 구하는 것이었다. 부모님은 언론사를 관둔 후 계속 일을 바꾼 내가 믿음직스럽지는 않았지만, 살면서 내가 처음으로 하는 부탁인 데다 30대인 딸이 궁지에 몰린 게 안쓰러우셨는지 도와주시겠다고 했다.

나는 1년 내로 최소 3만 구독자 확보가 되지 않으면 깨끗하게 포기하고 재취업하겠다는 각오로 노동력과 마음, 시간을 집약해 콘텐츠를 만들었다. 유튜브 채널을 만든 지 9개월이 넘었을 즈음에 3만 구독자가 확보됐고, 한 달 정도 지나서 이 책 출판 제안을 받아 집필을 시작했다. 이 책 집필이 끝나면 강연 활동도 시작할 것이다.

　20대 내내 숱한 시행착오를 거쳐 내 마음을 움직이는 일이 무엇인지 파악했다. 노동력과 시간을 자원으로 받아들이고 조직해 활용하니 그제야 내가 하는 일에 폭발력을 얻을 수 있었다. 이제는 자신을 믿을 수 있을 것 같다.

나만의 길을
찾기 위한
가지치기 기술

부모님은 사과를 키우신다. 30년 넘게 사과 농사를 짓고 있는 베테랑이다. 덕분에 나도 사과에 대한 지식은 비교적 많은 편이다. 사과꽃이 언제쯤 피는지 알고, 꽃이 떨어지고 달리는 사과 열매가 얼마나 작은지 안다. 처음에는 벚꽃이 지고 열리는 새까만 버찌처럼 작은 열매가 여러 개 한꺼번에 달린다. 그 열매를 그대로 두면 다 자라도 체리보다 조금 크게 자란다. 가끔 방치된 사과밭의 늙은 사과나무를 보면 열매가 체리처럼 달려있다.

사과는 원래 어른 주먹만 한 과일이 아니다. 시중에 판매되는 사과의 크기만큼 키우려면 엄청난 관리가 필요하다. 그리고 그 관리의 내용 대부분은 물과 거름을 주는 것과 솎아내는 것이다.

봄이 오기 전에 가지치기하고 열매가 달리기 시작하면 열매를 대거 솎아낸다. 또 수확 직전이 되면 하나의 열매에 영양분이 집중되도록 열매 주변의 나뭇잎마저 솎아낸다. 그뿐인가. 나무 주변의 잡초를 제거하는 것도 솎아내는 과정 중 하나다. 나무를 위한 영양분을 지키기 위한 것이기 때문이다.

이런 과정을 어려서부터 봐서인지 자연스럽게 '선택과 집중'을 매우 중요하게 생각한다. 씨앗을 품은 모든 사과가 크게 자라는 게 아니라, 선택한 사과가 크게 자란다는 것을 알기 때문이다.

우리의 가능성도 마찬가지다. 청춘이 꽃피고 나면 가능성의 열매 중에 옥석을 가려야 하는 게 우리의 몫이다. 한정된 삶의 시간, 마음, 노력, 돈을 투입할 도전을 선택해야 하는 것이다. 매우 어려운 선택이다.

· · ·

최악과 차선과 최선

이때 최악의 선택은 아무것도 선택하지 않는 것이다. 선택하길 거부하는 사람들은 열매를 주렁주렁 달고 젊음의 시기에 머물고자 한다. 청춘은 빛나고 아름답다. 그래서 비교적 쉽게 타인의 시간, 마음, 돈과 같은 자원을 얻을 수 있다. 청춘이라면 마땅히 얻을 자격도 있다.

문제는 젊음이 반드시 지나간다는 것이다. 선택으로 얻었어야 할 시행착오를 얻지 못하고 나이만 먹게 되면, 자라지도 못하고 시들어버린 작은 가능성을 들고 어떻게든 그럴듯하게 속여 팔아야 한다. 할 줄 아는 것은 많지만, 신뢰를 줄 수 있는 경력이 없어 이리저리 떠돈다.

차선책은 실패하지 않을 확실한 선택이다. 이것은 얼핏 보면 현실적인 선택처럼 보인다. 나도 안정적인 삶을 살기 위해 공무원 시험 준비를 하면서 현실적인 선택을 했다고 생각했다. 하지만 1년 만에 공무원 시험을 포기하면서, 내 생각이 틀렸다는 사실을 알았다. 마음을 동력으로 끌어올 수 없는 선택은 결국 비현실적인 선택이기 때문이다. 물론 실패나 미래에 대한 두려움을 동력 삼아 목표를 성취할 수 있을지도 모른다. 하지만 두려움을 동력으로 삼으면 반드시 추후에 번아웃을 겪게 될 것이다. 두려움은 재생 가능한 에너지가 아니다.

언제나 할 수 있는 최고의 선택을 해야 한다. 마음이 이끄는 선택이 최고의 선택이고 옳은 선택이다. 두려움과 달리, 지속 가능한 동력인 마음을 꿰어야 도전을 지속할 힘이 생기기 때문이다. 최선으로 얻은 시행착오는 반드시 다음에 해야 할 선택을 알려준다. 그렇게 도전을 지속하게 되는 것이다.

최선만 선택해도 시행착오는 있다

난 어려서부터 항상 사람들 앞에 나서는 것을 좋아했다. 그리고 혼자 놀 때는 늘 책을 읽거나 글을 썼다. 책을 좋아한다고 생각했기에 도서관에서 일하려고 문헌정보학과를 갔고, 사실은 책을 쓰고 싶은 것 같아서 과에 적응도 잘 못하면서 타과 수업인 소설 창작 강의를 들었다. 계속 이런저런 글을 쓰는 나를 보고 이모가 언론사 아르바이트 자리를 주선해줘서 뉴스 콘텐츠 편집 일을 시작했다. 그러다가 스타트업에서 일하게 되면서 영업 대상을 인터뷰하며 홍보 콘텐츠를 만들었고, 결국엔 나의 오리지널 콘텐츠가 만들고 싶어서 스타트업을 관두고 이런저런 시도를 했다. 지금은 얼굴을 공개하고 내 얘기를 하는 유튜브 채널을 운영하고 있다.

결국, 나는 내가 좋아하는 일을 하게 됐다. 내가 짠 대본을 바탕으로 사람들 앞에서 얘기한다. 그때그때 콘텐츠와 관련된 선택을 거듭했기 때문에 지금의 일을 할 수 있는 것이다. 처음부터 지금 하는 일인 크리에이터를 선택한 게 아니다. 단순하게 책을 좋아하는 것 같아서 책 관리를 하는 전공을 선택하는 데서 시작한 것이다. 그 선택을 했기 때문에 오히려 내가 글을 쓰는 직업을 갖고 싶어 한다는 것을 알게 됐다.

하지만 어떻게 직업으로 풀어가야 할지 감이 잡히지 않는 상황에서 글을 기반으로 하는 언론사 일을 시작했고, 그 경험을 바탕으로 스타트업에서 사람들을 인터뷰하며 내게 스토리텔링 능력이 있다는 것을 알았다. 그래서 이제 내 콘텐츠를 만들 수 있겠다 싶었을 때 문턱이 낮은 유튜브가 눈에 들어왔다. 최선의 시행착오가 다음 선택으로 이끈 것이다.

만약 내가 부모님이 원하는 대로 계속 공무원 합격에 도전했다면 엄청난 수렁에 빠졌을 것이다. 아무리 오래 공부했어도 합격은 못했을 것이다. 나 말고 합격에 마음이 있는 사람들이 넘치니까.

어머니는 농사는 '감(感)'이라고 말씀하시곤 했다. 기술적인 부분도 있겠지만, 결국엔 수많은 열매 중에서 크게 키울 열매를 선택하는 감일 것이라는 생각이 들었다. 거기에는 기술이 없다. 단호한 직관만 있다. 우리가 미래를 위해 가져야 할 것도 그것이다. 시간은 봄에만 머무르지 않고 뜨거운 여름을 지나 수확철인 가을로 간다. 수확한 것으로 버텨야 할 겨울도 있다. 그러니 선택하라.

내 쓸모는
오로지
나밖에 모른다

2018년 1월에 유튜브 채널을 시작했다. 그리고 7월경에 구독자 수 1만 명이 넘었다. 사실 구독자 수 1,000명에서 1만 명까지는 눈 깜짝할 새에 늘었다. 1,000명까지 6개월, 1만 명까지는 그로 부터 약 일주일의 시간이 걸렸다. 사실 나는 1만 명보다 1,000명 을 달성했을 때의 기억이 좀 더 선명하다. 드디어 이 크리에이터 필드에서 가능성이 있다는 확신을 주는 숫자였기 때문이다. 그 숫자를 보고 안도했다. 정말 고독한 6개월이었다.

사실 난 유튜브를 시작하면서 확실하게 믿는 구석이 있었다. 바로 내 동생이었다. 내 동생은 현재 약 67만 명이 구독하고 있는 '드림텔러'라는 채널의 운영자다. 유튜버로 생계유지가 가능하다는 것을 보여준 사람이 내 동생이었다. 사실 내 동생이 유튜버로 성공한 모습을 보지 못했다면 아예 크리에이터가 될 생각도 하지 못했을 것이다.

생각해보라. 난 평범한 4년제 대학을 나와 4년 넘게 평범한 직장 생활을 하고 그 이후로도 3년간 두 개의 조직에서 일했다. 조직을 떠나본 적이 없는 서른두 살의 여자가 새삼 유튜브를 전업 삼아서 시작할 용기를 내긴 어렵다. 다 내 동생 덕분이었다.

내 동생은 선배로서 많은 조언을 해줬다. 특히 도움이 됐던 점은 원하는 것을 정확히 알아야 한다는 것이다. 인기를 가장 바라면서, 남들에게 공익적으로 보이고 싶은 마음에 착한 이미지의 콘텐츠를 만들면 결국엔 오래갈 수 없다는 얘기를 해줬다.

그리고 '하고 싶은 것'과 '잘하는 것'이 다를 수 있으니, 다양한 방식의 콘텐츠를 시작하면서 내가 했을 때 잘 먹히는 것이 어떤 것인지 알아가는 과정 자체를 채널로 만들고 목표로 삼으라고 권해줬다. 단순하게 '이런 게 먹힌다'라는 얘기를 해준 게 아니라 시행착오의 시간을 줄일 수 있는 조언을 해준 것이다.

이런 얘기를 해주는 내 동생이 얼마나 대단하게 보였겠는가? 유튜브 채널을 혼자 시작한다고는 했지만, 사실은 혼자가 아니라고 생각했다. 빨리 성과를 내고 싶은 마음에 내 동생과 한 팀이라 생각하고 콘텐츠를 만들 때마다 자주 피드백을 부탁했다.

타인의 길은 내 길이 아니다

내 조바심을 알아챈 동생은 자기 경험상 확실하고 안전한 방법을 제안했다. 빨리 성장하고 싶다면 자기처럼 얼굴을 드러내지 않고 책이나 영화를 리뷰하는 채널을 운영해보라고 권했다. 아무래도 얼굴을 드러내면 그 자체로 호불호가 갈릴 가능성이 커서 빠른 성장은 어려울 수 있다고 했다. 또한 리뷰 채널 중 여자 목소리로 하는 채널이 적어서 경쟁력이 있을 것이라고 했다.

사실 그런 스타일의 콘텐츠를 만들고자 생각했던 적이 한 번도 없었지만, 워낙 조바심이 나서 동생이 권한 대로 한 달간 얼굴을 드러내지 않고 책 리뷰 채널을 따로 만들어 영상을 만들었다.

그리고 정말 중요한 사실을 깨달았다. 나는 얼굴을 드러내는 것 자체가 콘텐츠를 만드는 동력이라는 것이다. 내가 '관종(관심종자, 관심이 필요한 사람)'인 것은 알았지만, 그 정도로 관종인 줄은 몰랐다. 첫 영상을 만들 때는 얼굴을 드러내고 만들어서 신나게 작업했는데, 내 목소리만 들으며 작업을 하니까 세상 지루했다. 당연히 결과물도 지루했다.

그리고 또 깨달은 것은 내가 책을 좋아하긴 하지만, 내가 좋아하는 책을 읽는 것을 좋아하는 것뿐, 어떤 책이라도 다 좋아하는 것은 아니라는 것이다. 사실 책만을 주제로 콘텐츠를 제작하려면 다양한 책을 가리지 않고 읽고 영상을 만들어야 하는데, 나는 그 과정에서 시간을 질질 끌었다.

마지막으로 깨달은 것은 난 재미없는 일을 하면 결과물이 형편없다는 것이다. 성과 목표를 따라가는 것보다 재미를 따라갈 때 오히려 영상 제작 속도도 올릴 수 있고 결과물도 더 나았다.

* * *

서툴러도 내 길을 만들어가는 방법

이런 식으로 일하면 안 되겠구나 싶을 때 동생으로부터 연락이 와서 "누나는 그냥 얼굴 드러내고 하는 게 맞는 것 같아. 그냥 누나 하고 싶은 대로 해"라고 말했다. 그 이후로 동생은 크게 내 채널에 대해 관여하지 않았다. 내가 나만의 시행착오를 겪어나가야만 한다는 것을 알고 입을 다물어준 것이다.

네 개의 영상이 있던 책 리뷰 채널을 없애면서 '이 일과 관련한 판단은 이제부터 그 누구에게도 의지하지 않겠다'고 다짐했다. 난 성과 자체를 목표로 해서 성과를 내는 사람이 아니다. 즐거움을 따라가야 당장 영상 하나라도 더 만드는 성과를 얻는 사람이니까, 더욱 하고 싶은 대로 해야겠다고 다짐했다. 얼굴을 드러내는 것이 도박이라면 그건 내가 잘해야만 하는 도박이었다.

이후로는 오로지 나만의 도전이었다. 아무도 믿어주지 않는 데서 증명해야만 했다. 이 과정에서 응원해주는 것과 믿어주는 것은 다르다는 것을 깨달았다. 응원해주는 사람도 그저 날 사랑하고 좋아하는 마음에 잘 되길 바라는 거지, 진짜 내가 할 수 있는지는 알 수 없다. 할 수 있다는 것을 아는 사람은 애초에 도전을 시작한 나 자신밖에 없다. 그리고 사실 나 자신도 하나하나 결과를 보기 전까지는 100퍼센트 믿을 수 없다. 80퍼센트의 확신 정도로 시작해도 괜찮다. 20퍼센트는 도전의 과정과 결과 안에서 채워나가면 된다.

크리에이터로서 일을 처음 시작하면서 1,000명의 구독자를 확보하기까지 눈에 띄는 성과가 없던 6개월 동안 나를 믿으며 버틸 수 있었던 것은, 3년간의 도전에서 실패한 경험 덕분이었다. 실패와 맞바꾼 교훈으로 얻은 자신감 덕분이었다. 이처럼 실패에서도 자기 확신을 얻을 수 있다.

집의
재고 관리를
시작하라

어렸을 때 일기를 쓰면 항상 내용이 비슷했다.

'아침에 일어나서 학교를 갔다. 집으로 돌아와 만화를 보고 드라마를 봤다. 참 재미있었다.'

거의 매일같이 이렇게 썼다. 실제로 그랬기 때문이다. 그래서 어렸을 땐 일기를 쓰는 일이 고역이었다. 정말로 싫어했다.

나에게 사생활이란 그런 것이었다. 생활 루틴이라고 할 만한 것이 없었다. 집에 오면 텔레비전에 코를 박고 보다가, 부모님이 돌아오시면 책이나 과제에 코를 박았다. 사실 책은 나에게 좋은 영향을 줬지만, 용도로 보면 텔레비전 프로그램이나 다름없었다.

중학교 때 처음으로 인터넷을 접하면서 내가 좋아하는 것들에 대해 '덕질(어떤 분야를 열성적으로 좋아해 그와 관련된 것들을 모으거나 파고드는 일)'을 시작했고, 가끔 동생을 따라 스타크래프트나 디아블로 따위의 게임을 했다. 내가 게임을 못한다는 것을 그때 깨달았다. 고등학교 이후에는 일본 드라마를 섭렵하기 시작했고, 대학교에 들어가서는 미국 드라마까지 보기 시작했다. 내가 혼자 보내는 시간은 초등학교 때부터 직장 생활을 할 때까지도 형태가 크게 달라진 적이 없었다.

난 그 시간을 별로 아깝게 생각하지 않는다. 그 덕분에 다양한 취향을 갖게 됐기 때문이다. 음악을 업으로 하는 친구들에게도 음악 취향이 좋다는 얘기를 듣는다. 처음 도쿄를 출장차 방문했을 때도 몇 번 다녀온 적이 있는 것처럼 마음이 편안했고, 심지어 일본어를 정식으로 배운 적 없는 것치고 꽤 회화가 가능해서 놀랐다. 얇고 넓게 아는 것이 매우 많다. 그래서 삶의 많은 순간 정말 큰 도움이 됐다.

• • •

사생활을 가치 있게 채우는 법

하지만 여가를 해도 되고, 안 해도 되는 일로 모두 채우는 것은 분명 문제였다. 내가 쉽게 무기력증에 걸리고 일과 관계에서 에

너지를 과잉 소비했던 중요한 이유 중 하나는, 내가 사생활을 '잉여 시간'으로 바라봤기 때문이었다. 사생활은 그런 것이 아니다. 단순한 '쉼'만 있는 것이 아니고, 쉼 역시 뚜렷한 가치를 갖고 있다. 쉽게 양보할 수 있는 것이 아니다.

오늘날 우리는 반드시 일의 가치를 예민하게 측정해볼 필요가 있다. 나의 경우엔 회사에 다닐 때 힘들었던 부분이 노동 중에 '생산 노동'보다 '감정 노동' 혹은 '일을 위한 일'의 비중이 더 클 때였다.

나는 언론사에서 온라인 편집 기자로 일하면서 기사를 편집해 내보내고 중요하고 의미 있는 기사의 접근성을 높이는 것을 '생산 노동'으로 정의했다. 그리고 상사의 비위를 맞추거나 동료의 눈치를 보는 것은 '감정 노동'으로 정의했다.

물론 대부분의 경우, 혼자 일하는 것이 아니기 때문에 감정 노동도 중요하긴 하다. 감정을 잘 활용해 다른 사람과 잘 협력하는 것이 생산 노동의 질을 높이는 방법이다. 하지만 상사나 동료가 자신의 영향력을 반복해서 확인하고 행사하고자 하면 무척 피곤하기 마련이다.

최악은 '일을 위한 일'이었다. 바쁘게 일하고 있는 것처럼 보이게 하려고 상사가 아무런 의미 없는 일을 시키고 의미 없는 야근까지 종용할 땐 자신이 세상에서 제일 무가치한 사람으로 느껴졌다. 일은 일대로 피곤하지만 나에게 아무런 성장을 가져다주지 않으리란 것을 아니까 말이다.

회사 일은 이렇게 생산 노동과 감정 노동, 일을 위한 일이 어지럽게 뒤섞여 있다. 생산 노동은 경험치를 높여주고 나름대로 보상과 보람을 가져다준다. 하지만 나머지 노동의 비중이 너무 높다면, 사생활을 강화해야 한다. 일에서 돈 버는 것 이상의 의미를 찾기 힘들다면 사생활에서 생산력을 높여 자신의 존재감을 지켜야 하기 때문이다.

나는 사람들이 이것을 선명하게 느끼기 때문에 최근에 '소확행(소소하지만 확실한 행복)'이라는 신조어가 유행했다고 생각한다. 물론 모든 유행어가 그렇듯 상업적으로 이용하는 사람들에 의해 많이 변질하고 퇴색한 부분이 있지만, 쓸데없는 노동력 소모에 지친 현대인들이 필요로 하는 것을 정확히 대변해주는 단어라고 생각한다. 나를 위해 사생활에서 소소해도 확실한 것을 움켜쥐어야 한다. 회사는 애초에 확실한 것을 거머쥐기 힘든 구조다. 결국, 회사는 남의 회사다. 회사가 내 시간을 돈으로 샀음을 잊어서는 안 된다.

사생활은 잉여의 시간이 아니라 내 삶이다. 스스로 시간의 주인이 돼야 진짜 내 삶이 펼쳐진다. 학교생활이나 직장 생활은 내 삶 속 일부의 시간이다. 내 삶을 살려면 용기를 가져야 한다.

내 공간이 주는 힘

그럼 사생활의 질은 어떻게 끌어올려야 할까? 우리 삶의 근거지인 집에서부터 시작해야 한다. 아무리 좁은 한 칸짜리 자취방일지라도 거기서부터 시작해야 한다. 당신이 잠을 청하는 곳이 삶의 근거지다. 그곳을 재충전이 가능한 내 동력의 공간으로 만들어야 한다.

나는 오랫동안 집안일을 남의 일처럼 여겼기 때문에 집에서 재충전을 하지 못했다. 살림에 관심을 두지 않고 살았기 때문에 어디서부터 시작해야 할지 감이 잡히지 않았다. 그때 영감을 줬던 사람이 '곤도 마리에'였다. 일본 여성인 곤도 마리에는 세계적으로 유명한 정리 컨설턴트다. 그 사람의 책 《설레지 않으면 버려라》를 보면서 집 정리를 시작했다. 난 정리를 글로 배운 셈이다. 그녀는 품목별로 물건을 한데 모아두고 더 이상 설레지 않는 물건들을 버리면서 정리를 시작하길 권한다. 옷부터 시작해 책, 서류, 소품, 추억의 물건을 정리하도록 권하고 있다. 자세한 내용은 책을 직접 읽거나 넷플릭스에서 그녀의 방송 시리즈를 보길 바란다.

집을 구석구석 정리하면서 깨달은 것은, 내가 집에 정말로 무관심했다는 사실과 집이 가진 가능성을 참으로 몰랐다는 사실이다. 정리는 단순한 청결 관리가 아니라, 집 안의 자원에 대한 재고 조사였다. 제대로 쓰지 않아 낡고 상한 물건과 음식 재료가 얼마나 많은지 눈으로 확인하면서, 앞으로 내가 가진 자원을 잘 활용하려면 어떻게 해야 하는지 궁리하는 계기가 됐다. 그리고 정리를 통해 넓어지는 공간을 보면서 버린 만큼 또 하나의 가능성이 생긴다는 사실을 깨달았다.

대거 집 정리를 하고 나자 내 머리 안에 집 안의 재고가 앞으로 쓸 자원으로 머릿속에 각인됐다. 앞으로 이것을 어떻게 활용할지 다양한 아이디어가 생겼다. 또한 집이라는 공간을 쉼 외에도 다양한 목적으로 활용할 수 있다는 생각을 비로소 하게 돼 작업실도 만들었다. 사실 정리를 하기 전에는 작업실은 돈이 없는 나에게 사치라고 생각했다. 하지만 정리 후 넓어진 공간을 바라보며, 효율적인 배치만 할 수 있다면 얼마든지 집 안의 특정 공간을 작업에 집중할 수 있는 곳으로 만들 수 있다는 것을 깨달았다.

정리한 이후에는 쇼핑도 단순한 감정 소비로 그치지 않았다. 재고를 확인한 상태에서 공간을 발전시키기 위해 목적을 가지고 효율적으로 '구매'를 할 수 있었다. 집 안의 물건을 내가 가진 '재산'으로 파악하고, 관리 대상으로 생각하면 소비를 그렇게 손쉽게 할 수 없게 된다.

당신이 고작 손바닥만 한 고시원에 몸을 눕히고 있어도 그곳을 관리할 마음을 먹길 바란다. 집은 관리할 가치가 있어서 관리하는 게 아니라, 내가 안전하게 몸을 눕히고 음식을 먹으며 에너지를 재생산하는 기지이기 때문에 해야 하는 것이다. 집은 집값 이상으로 우리에게 절대적인 가치를 가진다. 당신이 집에 마음을 두면 집은 당신에게 반드시 보상해준다.

남들한테
좀 무의미하면
어때

요즘 '성 대상화' '신체 대상화'에 대한 자성의 목소리가 높다. 타인이 자신을 대상화하는 시선에 대한 두려움도 큰 것 같다. 하지만 가장 두려워해야 할 것은 자신을 스스로 대상화하는 것이다.

우리는 자신을 '이미지'로 받아들이는 데 너무나 익숙하다. 사실 그건 옛날에도 그랬을 것이다. 우리의 감각 중 가장 압도적인 감각 기관이 바로 눈 아닌가. 시각으로 파악하는 정보가 많은 만큼 눈으로 보이는 이미지에 압도되는 것이다.

하지만 우리의 몸은 외모의 의미 이상이다. 예쁘고 잘생기고 어려 보이는 게 전부가 아니다. 우리의 몸은 기능이 있고 작동하고 있다. 많은 사람들이 몸의 기능에 대한 이해가 터무니없이 부족하다. 사실 학교에서 몸의 기능과 건강에 대해서 제대로만 가르쳐줘도 사람들이 자신을 이미지로만 바라보는 경향이 훨씬 줄어들 것이다. 몸의 기능을 무시한 채, 예쁘게 만들겠다고 가학적인 식이 요법이나 시술을 선택하지 않을 것이다.

돈을 주고 산 자동차와 컴퓨터는 그렇게 애지중지 아끼면서 그 돈을 버는 타고난 자산인 내 몸은 아낄 줄 모른다. 컴퓨터의 기능을 약화하는 악성 코드는 깔지 않거나 제거하려고 그렇게 노력하면서, 몸의 체계를 교란시키는 환경 호르몬이나 약물은 아무렇지 않게 섭취하고 복용한다. 몸의 기능을 잘 돌아가게 하기 위해서는 칼로리보다 영양 성분을 따져야 한다. 디톡스를 하기 전에 음식 재료가 가진 독성에 대한 지식을 키워야 한다.

의사나 전문가만 신체에 대해 공부해야 하는 게 아니다. 물론 그렇게 전문적인 지식을 가질 필요는 없겠지만, 내 몸의 반응을 가장 잘 들여다보고 공부하며 돌봐야 하는 사람은 자신밖에 없다. 내가 스스로의 부모가 된 것처럼 돌봐줘야 하는 것이다.

내 몸에 대한 책임감을 느끼면 그것 또한 독립의 시작이다. 당장 한 끼라도 제대로 된 밥을 챙겨 먹자. 부모님이 챙겨준 반찬을 제발 썩혀버리지 말자. 전기밥솥으로 만든 맨밥과 부모님이 보내준 반찬 하나에 돌김 이렇게만 먹어도 편의점 음식보다는 훨씬 건강에 좋을 것이다.

몸의 상태를 민감하게 만들어 몸을 해치는 것을 분별해야 한다. 몸을 해친다면 직장도 그만둘 수 있어야 한다. 무작정 관두라는 말이 아니라, 그 정도 각오로 몸을 챙겨야 한다는 것이다. 그런 각오가 없으면 직장 생활 중에 몸이 상하기가 너무 쉽다. 나는 결국 일할 수 없는 몸이 돼서 퇴사를 결정하는 친구들을 너무 많이 봤다. 또 그렇게 퇴사를 하면 병원비 때문에 퇴직금을 상당 부분 사용해야 할 가능성이 높다. 그것은 오히려 손해다.

내 몸을 가장 잘 활용하며 살아갈 최고의 방법을 찾고 또 찾아야 한다. 우리는 이 험한 세상에 그냥 태어난 게 아니라, 적어도 몸이라는 자산 하나는 밑천으로 갖고 태어났다. 그 밑천을 소중하게 생각하자. 몸을 미적 도구로 바라보고 대상화하면 결국엔 타인의 시선에 신경 쓰느라 내 삶을 위한 굳센 용기를 가지기 어렵다.

· · ·

쾌락보다 보람과 만족을 추구할 것

내가 여가 시간에 많은 시간을 할애한 영상물 감상은 만족스럽지 않은 현실에서 도피할 수 있게 해주는 것이었고, 엄청난 자극을 주는 쾌락의 행위였다. 난 드라마와 예능 프로그램을 보면서 즐거웠다. 직장에서 즐겁지 않은 시간을 보냈으니 집에서는 즐거울 차례라며 영상물을 시청했다. 나의 영상 시청엔 적당히가 없었다. 한 번 시청을 시작하면 8~9시간도 쉬지 않고 볼 수 있었다.

나는 중독의 대상이 영상물이었지만 어떤 사람은 음식일 테고, 혹은 쇼핑이나 게임, 쾌락적 관계에 중독됐을 수도 있다. 최악의 경우엔 알코올이나 약물도 있을 것이다. 달갑지 않은 상황에서 벗어나 그저 즐기고 싶은 욕망은 누구에게나 있다.

하지만 쾌락을 위해 보내는 시간이 많아지면 많아질수록 삶의 질은 떨어질 수밖에 없다. 나의 경우엔 쾌락을 추구하는 심리의 이면에 '허무함'이 있었다. 삶이 별로 의미 없다는 감각 때문에 '에라 모르겠다'며 당장의 쾌락을 추구하는 것이다. 허무주의자들에게 찰나의 쾌락은 구원이 될 수 있다. 살아있다는 감각을 잠시 느끼게 해주는 것이다.

하지만 진짜 내 삶을 사는 것은 아니었다. 내가 살고 싶은 사람들의 삶을 영상을 통해 보며 대리 만족을 느끼는 것은 진짜 삶이 아니었다. 영상 시청을 끝내고 나면 항상 더 큰 허무함과 내 삶의 무가치함을 느꼈다. 그런 감정은 무기력증으로 연결됐다. 무기력증에 걸리면 내 삶의 고삐를 잡아줄 것을 찾게 되고 결국엔 일 중독과 관계 중독으로 이어졌다.

고삐를 잡아줄 것을 찾고 나면 그것에 내 시간을 양보하며 또 사생활이 허술해졌다. 그럼 또 현실이 고통스러워 도피하고 싶고, 다시 쾌락을 찾아 영상 중독에 걸리는 것이다. 악순환의 반복이었다. 나이가 들면서는 힘든 일이 생겼을 때 영상에 이어 술까지 찾았다. 삶이 이런 식으로 망가지는구나 싶어 두려웠다.

• • •

어떤 삶을 살든 당신에게는 의미가 있다

삶의 무의미함을 생각하면 어렸을 때 마당의 잡초가 생각난다. 이름도 모를 잡초는 때가 되면 꽃을 피우고 나름의 열매를 맺고 뿌리를 확장해(정말로 뿌리를 확장한다. 긴 뿌리를 가진 잡초가 많다) 사계절을 충실하게 산다. 그들이 자신의 생이 의미가 있다고 여겨서 그렇게 끈질긴 생존력을 가지고 있는 게 아닐 것이다. 살아야 해서 살지만, 그들은 그 누구보다 끈질기고 충실하다. 세상 대부분의 생명이 그렇다.

사람이라고 꼭 달라야 할까 싶었다. 어떤 의미가 있어서 삶을 열심히 살아야 하는 게 아니라 태어났기 때문에 충실하게 사는 것도 나라는 생명의 가치를 귀하게 여기는 태도라는 생각이 들었다. 사실 의미가 없어서 나 자신을 방치하려고 해도 세상이 가만히 두지 않는다. 가족들과의 관계에서, 학교에서, 직장에서 끊임없이 문제가 발생한다. 그 문제는 끈질기게 내가 삶에 관여하도록 붙잡고 늘어진다. 그걸 외면하고 쾌락을 추구한다고 해도 문제는 날 떠나지 않는다.

난 잡초처럼 살기로 했다. 아무도 인정해주지 않아도, 이름 없는 꽃을 피우고 열매를 맺으며 충실하게 내 삶을 살아내기로 마음먹었다. 날 끈질기게 붙드는 문제를 하나하나 해결하면서 말이다.

그렇게 문제와 현실에 직면하면서 내가 어떤 사람인지 알아가기로 마음먹었을 때 진짜 삶이 열렸다. 호불호를 구분하며 내가 어떤 사람인지 알아가게 되고, 새로운 도전도 하고, 관계를 솔직하게 대하는 게 가능해졌다. 삶이 상당히 만족스러워졌다. 만족감은 자존감의 상승과도 이어졌고 쉽게 휘발되지 않았다. 쾌락으로 얻는 즐거움과는 상당히 달랐다.

난 여전히 사람이 그렇게 대단한 존재라고 생각하지 않는다. 다른 생명과 마찬가지로 대단한 의미를 부여받아 태어난 게 아니라고 생각한다. 그냥 먹이 사슬 최상위 포식자일 뿐이다.

하지만 사람은 시간을 인식하는 존재다. 과거와 현재를 잇고 미래를 예측하고 자신만의 이야기를 만들어가는 존재다. 의미 없이 태어났다고 해도, 의미를 만들 수 있는 존재다. 자신의 이야기와 타인의 이야기를 보며 울고, 웃고, 도취하고, 좌절하기도 하는 존재다.

　진짜 삶을 살려면 그 이야기의 주인공이자 제1시청자인 자신의 존재를 확보해야 한다. 그러기 위해선 쾌락만을 찾아선 안 된다. 쾌락은 찰나의 효과일 뿐이다. 그 하나의 장면만으로는 아무런 이야기를 만들 수 없다. 자신만의 문제를 적극적으로 직면하며 자신이 어떤 사람인지 알아가야 한다. 그 앎이 당신에게 주인공의 존재감을 가져다줄 것이다. 당신의 삶이 어떤 장르든 당신은 반드시 몰입할 수 있을 것이다. 왜냐면 주인공이 당신이니까. 주인공의 존재감을 회복하는 여정은 사생활에서 엄격한 만족을 추구하면서 시작할 수 있을 것이다.

내 인생의
구원자는
오로지 나

내가 부모님으로부터 물리적으로 독립한 것은 고등학교에 입학하면서부터다. 기숙사 생활을 하며 2주에 한 번, 길게는 한 달에 한 번 주말에만 집을 방문했으니 말이다. 그리고 고향을 떠나 서울에서 대학 생활을 시작한 이후로 지금까지 쭉 서울에서 살고 있으니, 부모님과 떨어져 산 지도 벌써 16년이 넘었다. 금전적으로 독립한 것은 스물다섯 살에 회사에 입사하면서부터였다. 물리적, 금전적으로 본다면 난 비교적 빨리 부모님의 영향력을 벗어난 것이다.

하지만 정서적 독립은 한참 뒤에야 한 것 같다. 내가 정서적인 독립을 했다는 느낌이 들었던 순간은 스물아홉 살, 천생연분이라 생각해 한 번 헤어지고도 다시 만났던 남자 친구와 결국 헤어지면서였다. 그 이별은 처음으로 '아, 이 친구와 나는 정말로 맞지 않는구나. 이 정도로 맞지 않으면 헤어져야겠다'는 확신을 하고 헤어졌던 것이었다.

그 이별 전에는 스스로를 '여자'로만 보고 보호받으려는 심리가 은연중에 있었다. 아주 어렸을 때를 포함해 오랜 시간 동안 독립적으로 살아왔기 때문에, 내가 이런 심리를 가졌는지 몰랐다. 많은 것들을 혼자 해결하면서 보상 심리로 안전한 보호를 받고자 하는 마음이 매우 컸고, 그래서 항상 연애를 간절히 바랐다. 그리고 연애를 할 때는 그만큼 엄청나게 의지했다. 부모님으로부터 온전하게 사랑받고 보호받고 싶은 욕구를 연애에서 해소하려고 했다.

그때 만났던 남자 친구는 그 욕구를 해소해줄 적임자로 보였다. 날 완벽하게 이해하고 사랑해주고 보호해줄 상대 같았다. 그래서 한 번 이별하고도 또 만났던 것이다. 그 완벽한 사랑에 대한 기대를 접기 힘들어서 말이다.

하지만 결국 다시 만나면서 깨달은 건 내 기대에 그를 끼워 맞췄다는 사실이었다. 그에게 나는 그냥 매력적이고 가치관이 상당 부분 비슷한 사람일 뿐이었다. 하지만 나와의 관계를 발전시킬 의지는 없는 사람이었다. 딱 거기까지였다.

내 두 발로 굳건하게 서라

세상에 내 기대를 충족시켜줄 사람은 없었다. 그 기대를 위해 끈질기게 부딪혔던 상대와 헤어지기로 마음먹자 슬프면서도 무한한 자유로움을 느꼈다. 세상에 내 기대를 충족시켜줄 사람은 없지만, 원하는 바를 위해 직접 움직일 '나'라는 사람을 발견했기 때문이다.

그걸 느낀 순간, 나는 누군가의 딸도 아니고 누군가의 연인도 아니었다. 나는 그냥 나였다. 상황을 파악하고 뜻대로 움직일 방법을 찾고 실행해나갈 '나'라는 사람과 평생 살아갈 생각에 너무나도 설렜다.

그 이후부터 모든 관계가 대등해진 느낌이 들었다. 왜냐면 상대방에게 의존하는 마음이 대부분 사라졌기 때문이었다. 의존하는 마음이 사라지니 상대방의 존재를 담백하게 인식하게 됐다. 타인이 나에게 실수 한두 개 한다고 억하심정을 가지는 일도 없어졌다. 내가 긴장하면 실수하듯 상대방도 실수할 수 있다고 머리로가 아니라 마음으로 생각하게 됐다. 부모님도 무조건적으로 날 사랑해줘야 하는 존재로 여겨지지 않았다. 부모님이 인간적으로 보이기 시작하니 과거에 상처였던 어떤 일들이 그들의 시행착오로 이해되기 시작했다.

관계에 속아 상처나 손해를 입을까 봐 전전긍긍하지 않으니, 타인을 훨씬 여유 있게 대하는 게 가능해졌다. 그리고 상대방의 입장도 비교적 잘 파악하게 돼서 내 입장과 함께 살펴보며 자연스럽게 '윈-윈'에 대해서 생각하게 됐다.

세상에 내 기대를 완벽하게 충족시켜줄 사람은 없다. 고통스런 내 삶을 구원해줄 사람도 없다. 하지만 실패에서 배우고 자신을 알아가며 사리분별 능력을 키우는 '자신'은 내 안에 있다. 삶의 시행착오와 실패, 책임을 감당하기로 마음먹으면 그 자신을 만날 수 있다. 험한 세상을 살아나갈 나를 마침내 만나는 것, 그게 진짜 독립이다.

정서적 독립 이후에는 상대방을 절대적으로 믿거나 덮어놓고 불신하지 않게 된다. 자신을 파악한 만큼 상대방을 파악하며 무지의 영역을 알아가려는 태도를 취하게 된다. 내 기대를 배반했다고 상대방에게 억하심정을 갖지도 않는다. 자신의 두려움과 변덕도 충분히 직시하고 있기 때문이다.

대신 사람들을 보는 눈을 가지기 위해 자신만의 데이터베이스를 쌓는다. 믿을 만한 사람을 만나는 것보다 목적에 따라 상대방과 관계의 균형을 잡는 것이 더 중요하다. 목적이 뚜렷해지고 균형의 가치를 알게 되면 마침내 '윈-윈'할 수 있게 될 것이다.

"평생 아이처럼 살아온 저,
어떻게 해야 할까요?"

Q. 저는 대학을 졸업하고 취업 준비를 하다가 공무원 시험을 준비하고 있는 20대 후반의 여성입니다. 벌써 시험을 준비한 지 1년이 넘었는데요. 요새 공부에 집중을 잘 못하겠습니다. 제가 그동안 잘못 산 것 같다는 생각이 들어서 자꾸 '현타'가 옵니다.

곧 서른이 될 텐데 저는 공부 외에 아무것도 할 줄 모르는 아이 같다는 생각이 자꾸 들거든요. 대학교 다닐 때도 취업 준비 한다고 그 흔한 연애나 동아리 활동도 못했어요.

사실 취업 준비 때문이라는 것도 핑계입니다. 다 무서워서 안한 거예요. 취업 준비라는 핑계를 대고 아무것도 안했는데, 면접도 자꾸 떨어지니까 무서워서 공무원 시험 공부를 시작하게 된 거예요.

부모님은 어려서부터 제가 공부한다고 하면 물심양면 도와주세요. 집안 사정은 나쁘지 않거든요. 근데 제가 잘못 살고 있다는 생각이 자꾸 듭니다. 평생 이렇게 아이처럼 살면 안 될 것 같은데, 그렇다고 달리 어떻게 살아야 할지도 모르겠어요. 전 어쩌면 좋을까요?

A. 이 사연을 읽고 처음 떠오른 단어는 '아이러니'였어요. 꽤 넉넉한 경제 사정과 자식에게 많은 관심을 두는 부모님이 이 상담자에게는 독으로 작용하고 있으니까요. 상담자에게는 안전선 밖으로 나갈 계기가 20대 내내 거의 생기지 않았던 것 같아요. 심지어 상처를 감수하고서라도 만나보고 싶은 남자도 나타나지 않았던 거죠. 보통 거기에서 첫 위험을 감수하는데 말이죠. 모든 상황이 무탈하기만 합니다. 심지어 취업을 못했는데도 수험 생활을 한다고 하면 긴 시간동안 경제적 조력을 해줄 부모님이 있고요.

누군가는 부러워할지도 모르는 상황이지만, 뚜렷한 성공도 없고 실패도 없다면 분명 제대로 살고 있다고 말하기는 어려운 게 사실입니다. 사실 성공도 실패도 없다는 건 아무것도 안 하고 있다는 말이기 때문이죠. 내가 아무것도 하지 않았다는 것을 알기 때문에 상담자도 불안을 느끼는 것일 테고요.

만약 부모님이 재산을 많이 남겨주셔서 온실과 같은 안전한 환경이 평생 지속된다고 해도 위험은 함께할 것입니다. 왜냐하면 내가 실패나 아픔 등을 극복할 수 있는지조차 알 수 없기 때문에, 계속 안전 상황을 보존하는 데 강박적으로 집착할 가능성이 높아지기 때문입니다.

정작 안전 상황을 위협하는 일이 나타나도 어떤 대응도 잘 못할 가능성이 높습니다. 대응을 잘못해서 실패할 수도 있으니까요. 그래서 결국엔 속수무책의 형태로 첫 실패를 겪을 가능성이 높습니다. 이러나저러나 실패는 하게 될 텐데, 아무런 대응도 못하고 실패하면 실패를 마치 자연재해처럼 두려워하게 되겠죠.

자, 실패는 쓰나미나 허리케인 같은 자연재해가 아닙니다. 그리고 단언컨대 인간이라면 누구나 상처나 실패를 극복할 수 있습니다. 극복 후에는 반드시 당신의 자양분이 돼줍니다. 그러니까 당신이 꼭 겪어야 할 시행착오로 안내해줄 마음을 따르도록 하세요. 용기를 내서 '마음대로' 선택해보세요. 정말 사소한 것이라도 좋으니까요.

너무 늦었다는 생각 때문에 용기를 내기 힘들 수도 있을 것입니다. 몇 년만 지나면 곧 서른이 될 텐데, 이제 와서 새삼 마음대로 선택을 할 수 있겠냐는 생각도 들 것입니다.

하지만 지금 시행착오를 제대로 겪어야 30대 후반이나 40대에 엉뚱한 시행착오를 겪지 않을 거예요. 그때 새삼 낯선 실패를 극복하려고 들면, 게다가 내가 책임져야 할 사람이 있다면 상황은 더 복잡하게 꼬일 것입니다. 그러니까 한 살이라도 젊을 때 '마음대로' '끌리는 대로' 행동해보세요. 그리고 그 행동의 결과를 책임지고 품으세요. 그렇게 내 뜻대로 사는 삶에 익숙해지셔야 합니다.

언제나 옵션으로 쥐고 있는 안전한 선택의 카드가 사실은 얼마나 비싼 카드인지 항상 유념하시길 바랍니다. 그 만능 안전 카드는 당신이 청춘의 시간을 지불해서 사용 가능한 카드입니다. 안전한 것 외에 아무런 교훈을 주지 않는데도 말이죠. 그 카드는 안전에 익숙해지게만 만들 뿐, 스스로 안전한 상황을 구축하고 지키는 법은 알려주지 않습니다. 그걸 명심하세요.

세상엔 공짜가 없습니다. 지금까지 안전을 위해 너무 비싼 시간을 지불해왔어요. 마침 훌륭한 고민을 시작했으니 지금까지 했던 선택과 전혀 다른 선택을 조금씩 해나가길 바랍니다. 전혀 늦은 시기가 아니니 걱정 마시고요. 마음이 부서진다고 죽지 않으니 그것도 너무 걱정하지 마시고요.

제 경험상 '마음대로' 움직일 용기를 주는 것에 연애만 한 것이 없습니다. 혹시 주변에 괜찮은 사람 없는지 항상 살펴보시고요. 자신 감정의 편이 되서 꼭 움직이시길 바랄게요.

KI신서 9825

신경써달라고 한 적 없는데요?

1판 1쇄 인쇄 2019년 8월 7일
개정 1판 1쇄 발행 2021년 7월 20일

지은이 유민애
펴낸이 김영곤
펴낸곳 (주)북이십일 21세기북스
디자인 elephantswimming 표지일러스트 @munjiful_days
영업팀 한충희
제작팀 이영민 권경민

출판등록 2000년 5월 6일 제406-2003-061호
주소 (10881) 경기도 파주시 회동길 201 (문발동)
대표전화 031-955-2100 팩스 031-955-2151 이메일 book21@book21.co.kr

(주)북이십일 경계를 허무는 콘텐츠 리더

21세기북스 채널에서 도서 정보와 다양한 영상자료, 이벤트를 만나세요!

페이스북 facebook.com/jiinpill21   **포스트** post.naver.com/21c_editors
인스타그램 instagram.com/jiinpill21   **홈페이지** www.book21.com
유튜브 www.youtube.com/book21pub

당신의 인생을 빛내줄 명강의! 〈유니브스타〉
유니브스타는 〈서가명강〉과 〈인생명강〉이 함께합니다.
유튜브, 네이버, 팟캐스트에서 '유니브스타'를 검색해보세요!

© 유민애, 2019

ISBN 978-89-509-9668-0(03320)